Classiques Larousse

Collection fondée par Félix Guirand, agrégé des lettres

Voltaire

L'Ingénu

texte intégral

D0830517

Édition présentée, annotée et commentée
par
JEAN GOLDZINK
*ancien élève de l'ENS de Saint-Cloud
agrégé de lettres modernes*

LAROUSSE

Sommaire

DOCUMENTATION THÉMATIQUE

© Larousse 1994.
ISBN 2-03-871554-8
ISNN 0297-4479

Voltaire et le fanatisme

21 novembre 1694.
Sous le règne de Louis XIV, naissance à Paris de François Marie
Arouet, qui se prétendra à plusieurs reprises le fils non pas de
François Arouet, notaire, mais de M. de Rochebrune, ancien
officier et poète. Il avancera également sa date de naissance au
20 février 1694.
François Arouet achètera la charge lucrative de receveur
des épices à la Chambre des comptes. Voltaire appartient
à la bourgeoisie de robe, mais refusera la destinée qu'elle lui
trace.

1704-1711.
Brillantes études au collège jésuite Louis-le-Grand, fréquenté
par la meilleure aristocratie (il se lie avec les d'Argenson, futurs
ministres de Louis XV).

1710.
Leibniz *(Essais de théodicée)* intervient dans le débat sur le mal, la
Providence, Dieu et la liberté de l'homme, débat avivé par le
Dictionnaire historique et critique de Bayle (1697, article
« Manichéisme »).
Les jésuites publient un poème pieux du jeune Arouet.

1712-1715.
Arouet fréquente les salons littéraires et la bonne société ; il
entame des études de droit, accompagne une mission
diplomatique à La Haye, mais est renvoyé à Paris pour cause
d'incartade amoureuse (1713).
Son père menace de l'envoyer à Saint-Domingue (1713). Il écrit
une ode (1713), puis une satire en vers (1714).

1715.
La mort de Louis XIV installe au pouvoir le Régent (Philippe d'Orléans), qui s'appuie sur le parlement de Paris et la grande aristocratie, et amorce une politique « libérale ». Mais Voltaire est exilé à Sully-sur-Loire (mai-oct. 1716) pour des vers satiriques sur le Régent.

Mai 1717-avril 1718.
À la Bastille pour la même raison. Grand succès de sa première tragédie (*Œdipe,* nov. 1718). Prend le surnom de Voltaire.

1719-1724.
Mondanités dans les châteaux de l'aristocratie. Mais il travaille d'arrache-pied pour devenir le grand poète de son temps. *La Ligue ou Henri le Grand* (1723), première version de *la Henriade* (épopée).

Vue générale de la ville de Londres. Gravure française du XVIIIᵉ siècle.
Musée Tavet-Delacour, Pontoise.

1725.
Il travaille pour la cour. Création d'une tragédie et d'une comédie lors des fêtes du mariage royal.

1726-1728.
Bastonné par les gens du chevalier de Rohan, il cherche à se battre en duel ; on l'embastille puis on l'autorise à partir pour l'Angleterre (1726). Il y reste de mai 1726 à novembre 1728, y apprend l'anglais, écrit directement dans cette langue, édite *la Henriade* à Londres ; elle fera de Voltaire, pour près de cent ans, le plus grand poète épique français ! Il découvre Shakespeare sur scène. Retour discret en France.

1729.
À partir de cette date, Voltaire s'enrichit dans des opérations financières et commerciales qui assurent son indépendance d'écrivain : il ne dépendra jamais ni des mécènes ni des éditeurs.

1730.
Ode sur la mort de Mlle Lecouvreur, actrice amie dont le corps est resté sans sépulture chrétienne. Grand succès de *Brutus,* tragédie dont le sujet doit à Shakespeare.

1731.
Histoire de Charles XII, un grand classique voltairien.

1732.
Triomphe de *Zaïre* (tragédie), dédiée à... un marchand anglais.

1733.
Début d'une liaison de seize ans avec Mme du Châtelet : une grande aventure intellectuelle et sentimentale.

1734.
Lettres philosophiques, d'abord publiées à Londres, en anglais

6

(1733). Elles l'obligent à s'enfuir chez Mme du Châtelet, au château de Cirey (Lorraine), qui restera un refuge pour lui.

1736.
Début de la correspondance de Voltaire avec le futur roi de Prusse Frédéric II. Le poème *le Mondain* entraîne de nouvelles menaces d'arrestation. L'écrivain fuit en Hollande.

1738-1739.
Discours en vers sur l'homme. L'édition des premiers chapitres du futur *Siècle de Louis XIV* est saisie : l'histoire est un genre explosif.

1740-1743.
Rencontre avec Frédéric II, devenu roi de Prusse. Grand succès de *Mahomet* (tragédie) à Lille, mais les dévots interdisent la pièce à Paris (1742).
Mission diplomatique auprès de Frédéric II, dans le cadre de la guerre de la Succession d'Autriche (1740-1748).

Entrée du nonce à Paris (devant la Bastille) en 1732, portant un bref du pape à propos de la querelle autour de la bulle *Unigenitus*.
B.N. (cabinet des Estampes).

Mort du cardinal de Fleury, Premier ministre tout-puissant de 1726 à 1743, et qui n'aimait pas Voltaire. Louis XV manifeste le désir de gouverner personnellement. Les frères d'Argenson, anciens condisciples de Voltaire, deviennent ministres (1743-1744).
Mérope (1743) : cette tragédie fut un des grands succès de Voltaire au théâtre.

1743-1747.
Voltaire a la faveur de la cour, pour qui il écrit. Historiographe de France en 1745 ; élection à l'Académie française (1746) ; brevet de gentilhomme (1746). En 1744 ou 1745, sa jeune nièce, Mme Denis, devient sa maîtresse. Sa disgrâce à la cour commence (1747).
Première publication d'un conte, *Memnon, histoire orientale* (1747), première version de *Zadig* (1748).
Séjours à la cour du roi Stanislas, à Lunéville.

1749.
Mort de Mme du Châtelet, après un accouchement, à la suite de sa liaison avec le poète Saint-Lambert.

1750-1753.
Séjour tumultueux à Berlin.
Frédéric II fait brûler un pamphlet (anonyme) de Voltaire contre Maupertuis, directeur de l'Académie de Berlin, et le fait emprisonner arbitrairement à Francfort (1753). Publication du *Siècle de Louis XIV,* un de ses grands livres, puis de *Micromégas* (1752).

1753-1755.
Interdit de séjour à Paris, il erre en Alsace, puis s'installe en Suisse, aux Délices, avec Mme Denis (1755). Le tremblement de terre de Lisbonne (1er novembre 1755, 25 000 morts ?) lui inspire le *Poème sur le désastre de Lisbonne ou Examen de cet axiome : « Tout est bien »* (publié en 1756).

1756.
Début de la guerre de Sept Ans (1756-1763) ; expédition espagnole au Paraguay contre les jésuites ; Voltaire ne parvient pas à sauver l'amiral anglais Byng, exécuté en 1757. Publication de l'*Essai sur les mœurs*. Rousseau critique le *Poème sur le désastre de Lisbonne*.

1757.
L'article « Genève » de l'*Encyclopédie* (t. VII), rédigé par d'Alembert, fait scandale à Genève. Voltaire essaie de négocier une paix séparée entre la France et la Prusse. L'attentat de Damiens contre Louis XV (janvier) sert de prétexte aux antiphilosophes.

1758.
Rédaction de *Candide*. Achat de Ferney, d'où Voltaire exercera une sorte de « royauté » intellectuelle.

1759-1761.
Énorme succès de *Candide* ; poursuites officielles à Genève et Paris. L'*Encyclopédie* interdite de publication (1759). Suite apocryphe de *Candide* (1760) ; édition augmentée de *Candide* (1761).

1762.
Voltaire se lance dans la réhabilitation de Calas, protestant toulousain injustement exécuté. Dissolution de l'ordre des Jésuites. Le slogan « Écrasez l'infâme » fait son apparition.

1763.
Traité sur la tolérance (à lire !). Paix d'Aix-la-Chapelle, ou le triomphe anglo-prussien.

1764.
Dictionnaire philosophique portatif : sans doute le chef-d'œuvre voltairien, avec *Candide*.

1765.
Réhabilitation de Calas.

1766.
Exécution du chevalier de La Barre, pour blasphème (mutilation d'un crucifix). On brûle le *Dictionnaire philosophique* sur son corps.

1767.
L'Ingénu, un des meilleurs récits voltairiens.

1768.
L'Homme aux quarante écus, la Princesse de Babylone (contes).

1770-1772.
Questions sur l'Encyclopédie (9 vol.) : énorme compilation où Voltaire fait une dernière fois le point de ses connaissances et de

Représentation satirique de l'expulsion des jésuites en 1762.

ses interrogations, avant la crise de strangurie (trouble de la miction), qui diminue beaucoup sa force de travail (1773) et dont il mourra.

1774.
Le Taureau blanc (conte). Mort de Louis XV.

1775.
Grâce à Turgot, ministre de Louis XVI, Voltaire obtient la suppression de la gabelle en pays de Gex (Ferney).

1776.
La Bible enfin expliquée. Renvoi de Turgot.

1778.
Voyage triomphal à Paris (interdit depuis 1750) : c'est le premier sacre d'un écrivain. Il y meurt le 30 mai, à 84 ans. Son inhumation en terre chrétienne pose problème.

1785-1789.
Grande édition des œuvres complètes (70 vol.) sous la direction de Beaumarchais, à Kehl, en Allemagne.
Le privilège officiel excluait *la Pucelle* (satire en vers de Jeanne d'Arc, l'œuvre préférée de Frédéric II), *Candide,* et la traduction du *Cantique des cantiques,* mais Beaumarchais passera outre.

1791.
La Révolution lui offre le Panthéon, où ses cendres sont transférées.

Voltaire

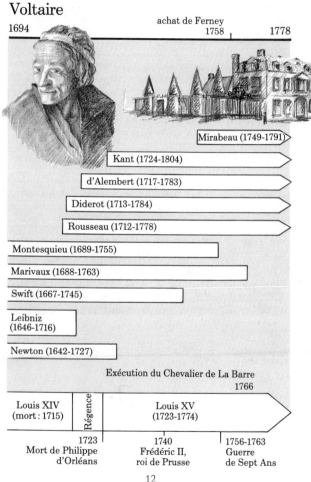

1694

achat de Ferney
1758

1778

Mirabeau (1749-1791)

Kant (1724-1804)

d'Alembert (1717-1783)

Diderot (1713-1784)

Rousseau (1712-1778)

Montesquieu (1689-1755)

Marivaux (1688-1763)

Swift (1667-1745)

Leibniz
(1646-1716)

Newton (1642-1727)

Exécution du Chevalier de La Barre
1766

Louis XIV (mort : 1715)	Régence	Louis XV (1723-1774)

1723
Mort de Philippe
d'Orléans

1740
Frédéric II,
roi de Prusse

1756-1763
Guerre
de Sept Ans

12

Un Huron chez Louis XIV

Conte ou roman ?

L'Ingénu (1767) passe depuis si longtemps et si unanimement, avec *Zadig* (1748) et *Candide* (1759), pour l'un des trois meilleurs contes — ou romans, ou récits, ou histoires — de Voltaire, qu'on n'a guère envie d'en douter. Difficile, en effet, de s'ennuyer dans ce court récit bourré d'idées et d'esprit, mais aussi de sentiments. Aller vite aux grandes idées — Dieu, la morale, la religion, le pouvoir, la culture, la vie, la mort, sans oublier l'art et l'amour — par les chemins fabuleux du plaisir, telle est peut-être la plus simple et la plus efficace définition du récit voltairien, baptisé tantôt conte, tantôt roman, mais toujours philosophique et toujours inimitable.

L'indécision sur ce nom de baptême, que Voltaire n'a pas voulu trancher, pas plus qu'il n'a établi la liste définitive de ses récits en prose (et en vers), a certes de quoi agacer les esprits géométriques. La critique n'a donc pas épargné sa peine et son ingéniosité pour découvrir le secret, le brevet, la formule générique du récit « à la Voltaire ». Mais quand on aura souligné après tant d'autres la naïveté des héros (leur candeur, leur ingénuité), qu'aura-t-on fait, sinon tout simplement commenté deux de ses titres les plus célèbres, *Candide* et *l'Ingénu* ? Avec le risque d'oublier, à côté des héros masculins, la figure de femme qui les fait rêver sans forcément leur ressembler en tout. Or, justement, dans *l'Ingénu,* puis dans *la Princesse de Babylone* (1768), Voltaire donne des premiers rôles aux femmes, comme dans ses tragédies.

Jeunes gens en péril

Cette naïveté s'expose et s'éprouve sur les chemins du monde, au point qu'il est fort tentant d'identifier, chez Voltaire, structure

romanesque et itinéraire voyageur. À preuve, bien entendu :
Zadig et ses courses orientales (1748), *Micromégas* et son périple
interplanétaire (1752), les *Voyages de Scarmentado* (1756), *Candide*
entre Europe et Amérique (1759), *la Princesse de Babylone* traînée
à travers ciel d'Orient en Europe (1768), etc. La candeur conduit
fatalement, au bénéfice de l'ironie, les âmes tendres au-devant
des assez sombres réalités qui s'accumulent au long des chemins
du roman. Tout grand roman, a-t-on dit, raconte l'expérience de
la désillusion juvénile, le passage du rêve d'absolu au compromis
avec l'existence prosaïque. Au bout de *l'Ingénu,* avec la mort de
l'héroïne et le désespoir du héros, il y a bien la mise à mal des
espérances et la mélancolie des après-midi.

Roman, histoire

Au grand voyage de *Candide* dans le monde contemporain (Asie
exceptée), *l'Ingénu* substitue un espace national unique (la
Bretagne et Paris) ainsi qu'une temporalité historique
remarquablement resserrée (1689-1690). Voltaire y ouvre
comme une fenêtre sur une période qu'il connaît bien et admire
profondément, à l'inverse de beaucoup de ses contemporains,
assez hostiles à Louis XIV. Depuis les années 1730, qui l'ont vu
se tourner, après un début de carrière purement poétique
(tragédie et épopée), vers l'historiographie et la philosophie,
Voltaire caressait le projet de tracer le portrait de Louis XIV et de
son règne, un des plus féconds, à ses yeux, de l'histoire de
l'humanité par l'éclat de ses grands hommes. Longuement
travaillé à coups de Mémoires et de conversations avec les
derniers témoins, *le Siècle de Louis XIV* n'avait jamais pu obtenir
l'autorisation de paraître en France, tant l'histoire du règne
précédent heurtait la susceptibilité royale et la méfiance des
autorités ; tant aussi, bien entendu, la personnalité de Voltaire
n'était pas de nature à rassurer un pouvoir ombrageux.
  La monarchie française estimait qu'on gagnait à laisser dans

l'ombre, dans une ombre quasi sacrée, les origines et les secrets du pouvoir, qu'un manteau de mystère habillait mieux les idées dangereuses (politiques et religieuses). Le philosophe allemand Kant, au contraire, dans un texte célèbre (*Qu'est-ce que les Lumières ?* 1785), définira les Lumières comme le droit et le devoir de discuter publiquement des idées publiques.

Même rentré en grâce à la cour après la mort, en 1743, du cardinal de Fleury, Premier ministre, même nommé, en 1745, historiographe du roi Louis XV (c'est-à-dire chargé d'écrire l'histoire officielle du règne), Voltaire ne peut décrocher le privilège d'une publication officiellement autorisée. C'est donc en Prusse, auprès de Frédéric II, qu'il se résigne à parachever et publier enfin, en 1752, *le Siècle de Louis XIV,* qui attire dans son orbite l'histoire de *l'Ingénu* et l'alimente, sans jamais pourtant la faire dévier de sa trajectoire purement romanesque.

Petit guide de voyage au Grand Siècle

Que faut-il savoir pour entrer sans peine dans l'Ingénu ?

1. Que la théologie catholique interdit (sauf dispense) le mariage des parrain et marraine avec leur filleul(e) : c'est le point de départ du roman, l'obstacle initial, qui tient donc aux rituels religieux, aux dogmes divers et ennemis que les hommes, selon Voltaire, ont imaginé de greffer sur la religion naturelle, pure et raisonnable.

2. Qu'un grave conflit religieux, surajouté à l'antagonisme, plus vieux d'un siècle, des catholiques et des protestants, divise depuis les années 1640 le catholicisme français. Il y a, d'un côté, les tenants de « l'orthodoxie », incarnée aux yeux du public par l'ordre international des Jésuites, soldats disciplinés du pape et partisans d'une souple adaptation du christianisme au monde réel, au monde moderne ; et, de l'autre côté, les jansénistes, qui ne forment pas un ordre religieux organisé, riche et influent,

mais se reconnaissent dans une interprétation plus intransigeante et austère du dogme et de la morale catholiques. Vite suspects aux papes, au clergé et aux rois de France, les jansénistes, brimés et clandestins, vont marquer la sensibilité française pendant plus d'un siècle, jusqu'à la fin de l'Ancien Régime. Au XVIIIe siècle, à partir de 1728, ne font-ils pas paraître chaque semaine, au nez et à la barbe de la police impuissante, un journal clandestin, *les Nouvelles ecclésiastiques,* qui ne se sabordera qu'en 1803, après le Concordat signé en 1801 entre Bonaparte et le pape ? Mais ils savourent leur revanche lorsque, en France en 1762, et dans d'autres pays européens avant et après cette date, l'ordre des Jésuites est dissous.

3. Il convient aussi de se souvenir que, à partir de 1685, la révocation de l'édit de Nantes, promulgué naguère par Henri IV pour mettre fin aux guerres de Religion du XVIe siècle, interdit en France l'exercice du culte protestant et déclenche une vague de départs et de conversions forcées. Le siècle dit des Lumières héritera là encore d'une situation empoisonnée : arrestations et envois aux galères de pasteurs et de pratiquants clandestins du protestantisme ; brimades judiciaires de toutes sortes. Ce n'est que deux ans avant la Révolution française, en 1787, que la monarchie se résoudra enfin à octroyer aux protestants français le statut souhaité par Voltaire de longue date : non pas l'égalité religieuse dans la neutralité de l'État, qu'aucun philosophe ne réclame, mais le droit de pratiquer leur culte, la validation de leurs mariages et donc de la transmission des héritages.

Stratégie narrative

On pourrait à juste titre s'étonner du statut extrêmement modeste de la question protestante, dans le roman, au regard du jansénisme. Voltaire n'ignore pas tout à fait, bien entendu, que les protestants étaient infiniment plus nombreux, et dans une situation d'une gravité sans commune mesure. Ce choix, à première vue étrange dans une perspective purement historique, surtout pour nous qui connaissons encore des

Hurons. Gravure du début du XVIIIe siècle. Bibliothèque des Arts décoratifs, Paris.

17

protestants mais plus de jansénistes, relève donc d'une stratégie narrative qu'il conviendra d'interroger. Interviennent sans doute des considérations de vraisemblance (que ferait un protestant à la Bastille ?), de tonalité (comment maintenir le comique dans la tragédie du protestantisme français ?), d'actualité (la suppression toute récente des jésuites) et surtout d'efficacité romanesque (jésuites et jansénistes, depuis Pascal, font à jamais couple dans l'histoire de la culture française).

1689, 1767

Impossible de s'y tromper : en inventant, en 1767, l'histoire de l'Ingénu et de la belle Mˡˡᵉ de Saint-Yves, et en décidant de la situer sous le règne de Louis XIV, Voltaire n'entend nullement fuir l'actualité au profit d'un exotisme historique dépaysant. Ni

Gravure représentant Voltaire promettant son soutien à la famille protestante des Calas en 1762. Bibliothèque nationale, Paris.

les emprisonnements par lettres de cachet (c'est-à-dire sans débat contradictoire devant un juge, contrairement au modèle anglais), ni les querelles théologiques symbolisées par la rivalité séculaire des jésuites et des jansénistes, ni la question toujours brûlante du protestantisme ne relèvent d'un passé révolu. L'idée de tolérance, fermement condamnée par la théologie catholique, a certes gagné du terrain dans les esprits, ou du moins dans les élites, sans empêcher la condamnation à mort du jeune chevalier de La Barre sous l'accusation de sacrilège (1766). Malgré tous les efforts de Voltaire, inlassables et jusqu'à lui inimaginables de la part d'un homme de lettres, la monarchie française ne peut oublier qu'elle est fille aînée de l'Église. Au demeurant, les parlementaires, chargés de rendre la justice et propriétaires de leur charge, assez fortement marqués par la tradition janséniste, se révèlent souvent plus rigoureux et conservateurs que la cour en matière d'infraction religieuse.

La fable de *l'Ingénu* prend place dans les grands combats voltairiens contre l'intolérance, l'arbitraire et la cruauté judiciaires, combats engagés à ciel ouvert devant toute l'Europe depuis que le vif et illustre vieillard, interdit de séjour à Paris à son retour de Berlin (1753), s'est installé à Ferney, à la frontière franco-suisse.

Voyage dans la philosophie

Une année dans la vie de Voltaire

Histoire toujours vivante, philosophie toujours plus vivace et pugnace. En cette seule année 1767, Voltaire, alors âgé de 73 ans, fait preuve d'une vitalité proprement étourdissante, que seule la maladie, à partir de 1773, parviendra à ralentir — un peu. Sans compter la foule des lettres dictées au pied levé, sur tous les tons et tous les sujets, les visites qui se succèdent à Ferney de personnes en provenance de l'Europe entière, la direction du domaine de Ferney (vaches, vers à soie, montres, paysans et curé), la gestion de sa fortune (un des vingt plus gros revenus de France), ainsi que celle de ses diverses maladies et hantises, etc., Voltaire fait paraître en 1767, généralement sous des pseudonymes qui ne trompent personne mais esquivent les poursuites judiciaires, les ouvrages suivants, au service de la bonne cause : *Questions de Zapata, Honnêtetés littéraires, Anecdotes sur Bélisaire, Examen important de milord Bolingbroke, Homélies prononcées à Londres en 1765, la Défense de mon oncle, le Dîner du comte de Boulainvilliers*. N'appartiennent à la « littérature », au sens actuel et étroit du terme (poésie, théâtre, roman), que deux œuvres : *l'Ingénu,* paru en septembre, et une pièce, *Charlot ou la Comtesse de Givri*.

La philosophie à visage découvert

Ces circonstances ne relèveraient que de l'anecdote si elles n'éclairaient le statut de la philosophie dans *l'Ingénu*. Il n'y a pas plus de philosophie dans *l'Ingénu* que dans *Candide,* mais elle s'y

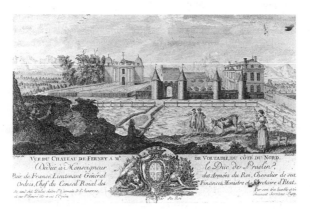

Château de Ferney, côté Nord. Gravure de Queverdo, dessin de Signy. Bibliothèque nationale, cabinet des Estampes, Paris.

exprime à visage plus découvert, sous une forme plus didactique et explicite, moins romancée, notamment dans la grande séquence centrale de la prison (chapitres X et suivants), qui tourne au dialogue philosophique — une des formes favorites des Lumières. *L'Ingénu* est sans conteste le voyage le plus commode et le plus agréable, le plus dense aussi, à travers la philosophie voltairienne. Sommaire philosophique que le tout frais patriarche de Ferney venait, en 1764, de livrer au public sous forme de *Dictionnaire philosophique portatif,* en attendant de lui faire prendre la dimension quasi monstrueuse des *Questions sur l'Encyclopédie,* catalogue alphabétique en 9 volumes et 423 articles de ses ultimes réponses et interrogations sur tout et le reste (1770-1772).

Créditer *l'Ingénu* de cette vertu économique, ce n'est nullement remettre en cause sa qualité ni sa nature romanesque. Rien ne serait plus dommageable que de verser du côté du roman tout ce qui relève de la fiction, de l'action, des personnages, et du côté de la philosophie tout ce qui appartient à l'ordre du discours idéologique, qu'on dit si volontiers « plaqué », comme s'il n'avait rien à voir avec l'essence du vrai roman. Une telle position, confortée en France par la tradition du « pur » roman psychologique issu de *la Princesse de Clèves,* fait fi des plus grandes réussites mondiales de l'art romanesque.

L'Ingénu n'est pas une histoire d'amour malheureux, malencontreusement ralentie par les conversations philosophiques d'un janséniste compatissant et d'un Huron aussi raisonnable que l'auteur. Car le vrai sujet du roman est évidemment la triple éducation, par leurs aventures, d'un vieux théologien (Gordon), d'un Indien (l'Ingénu) et d'une belle demoiselle de Saint-Malo (Mlle de Saint-Yves). Or, s'il fallait définir d'un seul mot la philosophie des Lumières, aucun ne lui conviendrait mieux que celui d'éducation — l'éducation du genre humain pour faire croître en l'homme ce qu'il a de plus humain, de plus universellement humain.

Ricanantes émotions

Histoire, philosophie, fiction. Ces trois faisceaux tressés ne suffisent pas à caractériser *l'Ingénu,* dont l'originalité propre et presque unique dans l'œuvre romanesque de Voltaire est de faire une place inattendue à l'expression pathétique du sentiment. Il paraît assez vain de chercher dans la biographie de l'auteur, du côté d'une problématique « sincérité » (?) brusquement surgie en 1767 pour aussitôt disparaître en 1768 avec *la Princesse de Babylone,* les racines de cette inflexion saisissante du style romanesque voltairien. Invoquer par exemple le souvenir rejailli de cette ancienne et terrible douleur, la disparition de Mme du Châtelet en 1749, ne rend compte de rien. On a toute chance, en revanche, de serrer de plus près une vérité probable, ou plausible, en évoquant l'actualité littéraire et l'expérience théâtrale de Voltaire.

La tragédie et le roman anglais

Comme ses tragédies n'apparaissent plus sur aucune scène, nous oublions facilement qu'elles triomphèrent dans toute l'Europe, y compris l'Angleterre, faisant couler des torrents de larmes. Et que donc le Voltaire ricanant des contes nous cache désormais le Voltaire pathétique des coups de théâtre et catastrophes spectaculaires, le Voltaire qui imagina pour ses actrices et spectatrices de tendres et émouvantes figures de jeunes filles malheureuses, telle Zaïre (1732).

L'intrigue, simple mais efficacement agencée, de *l'Ingénu* doit sans doute beaucoup à l'habitude de combiner très vite de solides scénarios de tragédies. Mais pour que cette veine sentimentale, jusqu'alors fort discrète dans les contes, prenne une telle ampleur dans *l'Ingénu,* il a fallu le succès grandissant du roman anglais et de ses divers admirateurs français. Voltaire a beau se moquer tant et plus de Jean-Jacques Rousseau et de son roman *la Nouvelle Héloïse,* qu'il juge ridicule et bourgeois (*Lettres sur la Nouvelle Héloïse,* 1761), il a beau connaître une gloire jusqu'alors inconnue des hommes de lettres, il reste, à 73 ans, sensible aux variations du goût et même curieux d'expérimentation. Ne s'est-il pas risqué, quelques années auparavant, à faire jouer, lui le maître de la tragédie, un de ces drames bourgeois en prose (*le Café ou l'Écossaise,* 1760), dont Diderot venait tout juste, en 1757-1758, de lancer la théorie fracassante et vivement controversée ?

La difficulté majeure n'était pourtant pas, pour un talent aussi souple et aussi brillant, de pasticher les romans sentimentaux en vogue ; car Voltaire — toute sa carrière le prouve — avait horreur d'imiter, et même de s'imiter (autant de grands et petits contes voltairiens, autant de formules différentes). Elle était d'allier le comique et le pathétique, le ricanement et les larmes. Aucune théorie ne l'interdisait certes au roman qui, contrairement aux genres codifiés (tragédie, comédie, épopée, etc.), échappait, pour cause de bâtardise et vulgarité, aux lois et devoirs de ses nobles aînés. La difficulté était de nature esthétique. Voltaire, virtuose du récit ironique, a-t-il réussi, si tard et si vieux, cette redoutable gageure, que la théorie classique de séparation des genres et des tons n'aidait pas à résoudre ? Au lecteur de répondre, sur la foi de son plaisir.

Arouet de Voltaire.

Portrait de Voltaire par Heath. Gravure du XIXᵉ siècle
d'après une peinture de Jean-Baptiste Mauzaisse. B.N., Paris.

VOLTAIRE

L'Ingénu

Histoire véritable
tirée des manuscrits
du P. Quesnel[1]

Sauvages préparant leur repas. Gravure extraite de l'*Atlas du voyage de recherche* de La Pérouse, 1792.

Note de la page précédente :

1. *Quesnel :* théologien janséniste (1634-1719), dont le pape Clément XI condamna en 1713 (bulle *Unigenitus*) 101 propositions extraites de ses *Réflexions morales sur le Nouveau Testament.* L'attribution est évidemment fantaisiste et ironique.

Chapitre premier

Comment le prieur[1] de Notre-Dame
de la Montagne et mademoiselle sa sœur
rencontrèrent un Huron[2]

U N JOUR saint Dunstan[3], Irlandais de nation et saint de
profession, partit d'Irlande sur une petite montagne qui vogua
vers les côtes de France, et arriva par cette voiture[4] à la baie de
Saint-Malo. Quand il fut à bord[5], il donna la bénédiction à sa
5 montagne, qui lui fit de profondes révérences et s'en retourna en
Irlande par le même chemin qu'elle était venue.

Dunstan fonda un petit prieuré dans ces quartiers-là[6] et lui
donna le nom de *prieuré de la Montagne,* qu'il porte encore,
comme un chacun sait.

---

1. *Prieur :* celui qui régit une communauté de religieux. En fait, il apparaît que
l'abbé de Kerkabon jouit des revenus d'un bénéfice, le prieuré, sans exercer de
tutelle sur les religieux.
2. *Huron :* Indien du Canada ; les Hurons passaient pour être plus pacifiques
que les Iroquois.
3. *Saint Dunstan :* évêque de Worcester, Londres, Canterbury (924-988). Bien
qu'Anglais, il est présenté par Voltaire comme Irlandais, parce qu'il avait été
élevé par des moines irlandais (comme l'Ingénu, Huron de naissance et Français
d'adoption ?). Il n'est apparemment jamais venu en France. (Voir sur ce saint, et
la raison du choix de Voltaire, le texte de Condorcet, page 147.)
4. *Voiture :* moyen de transport.
5. *À bord :* au bord du rivage ; à terre.
6. *Ces quartiers-là :* les environs.

10   En l'année 1689[1], le 15 juillet au soir, l'abbé de Kerkabon, prieur de Notre-Dame de la Montagne, se promenait sur le bord de la mer avec Mlle de Kerkabon, sa sœur, pour prendre le frais. Le prieur, déjà un peu sur l'âge, était un très bon ecclésiastique, aimé de ses voisins, après l'avoir été autrefois de ses voisines. Ce

15   qui lui avait donné surtout une grande considération, c'est qu'il était le seul bénéficier[2] du pays qu'on ne fût pas obligé de porter dans son lit quand il avait soupé avec ses confrères. Il savait assez honnêtement de théologie[3], et quand il était las de lire saint Augustin[4], il s'amusait avec Rabelais[5] : aussi tout le monde

20   disait du bien de lui.

Mlle de Kerkabon, qui n'avait jamais été mariée, quoiqu'elle eût grande envie de l'être, conservait de la fraîcheur à l'âge de quarante-cinq ans ; son caractère était bon et sensible ; elle aimait le plaisir et était dévote[6].

25   Le prieur disait à sa sœur, en regardant la mer : « Hélas ! c'est ici que s'embarqua notre pauvre frère avec notre chère belle-sœur, Mme de Kerkabon sa femme, sur la frégate *l'Hirondelle,* en 1669, pour aller servir en Canada[7]. S'il n'avait pas été tué, nous pourrions espérer de le revoir encore.

---

1. *1689 :* date symbolique de l'histoire anglaise et européenne : Guillaume III de Hollande devient roi d'Angleterre et d'Écosse, à l'appel du Parlement de Londres, en détrônant son beau-père Jacques II (catholique et absolutiste, soutenu par la France).

2. *Bénéficier :* titulaire d'un bénéfice, charge ecclésiastique accompagnée de revenus.

3. *Théologie :* littéralement, « science de Dieu ». Étude des textes sacrés et des questions relatives à la foi (ici, chrétienne).

4. *Saint Augustin :* un des plus grands théologiens chrétiens (354-430), dont les jansénistes des XVIIe et XVIIIe siècles se réclament particulièrement. Mais le fait de lire les œuvres de saint Augustin ne prouve pas que l'abbé de Kerkabon soit janséniste.

5. *Rabelais :* écrivain français (1494-1553).

6. *Dévote :* extrêmement pieuse.

7. *Canada :* les Français ne perdront, au profit des Anglais, leurs possessions canadiennes qu'en 1763 (traité de Paris).

Homme et femme iroquois. Gravure de 1801.
B.N., cabinet des Estampes, Paris.

30 — Croyez-vous, disait Mlle de Kerkabon, que notre belle-sœur ait été mangée par les Iroquois[1], comme on nous l'a dit ? Il est certain que, si elle n'avait pas été mangée, elle serait revenue au pays. Je la pleurerai toute ma vie : c'était une femme charmante ; et notre frère, qui avait beaucoup d'esprit[2], aurait
35 fait assurément une grande fortune[3]. »

Comme ils s'attendrissaient l'un et l'autre à ce souvenir, ils virent entrer dans la baie de Rance[4] un petit bâtiment qui arrivait avec la marée : c'était des Anglais qui venaient vendre quelques denrées[5] de leur pays. Ils sautèrent à terre, sans regarder
40 monsieur le prieur ni mademoiselle sa sœur, qui fut très choquée du peu d'attention qu'on avait pour elle.

Il n'en fut pas de même d'un jeune homme très bien fait, qui s'élança d'un saut par-dessus la tête de ses compagnons, et se trouva vis-à-vis mademoiselle. Il lui fit un signe de tête, n'étant
45 pas dans l'usage de faire la révérence. Sa figure et son ajustement attirèrent les regards du frère et de la sœur. Il était nu-tête et nu-jambes, les pieds chaussés de petites sandales, le chef orné de longs cheveux en tresses, un petit pourpoint[6] qui serrait une taille fine et dégagée ; l'air martial et doux. Il tenait dans sa main
50 une petite bouteille d'eau des Barbades[7], et dans l'autre une espèce de bourse[8] dans laquelle était un gobelet et de très bon biscuit de mer[9]. Il parlait français fort intelligiblement. Il

---

1. *Iroquois* : peuplade indienne traditionnellement rivale des Hurons.
2. *Esprit* : intelligence.
3. *Fortune* : carrière.
4. *Rance* : nom de la rivière qui se jette dans cette baie.
5. *Denrées* : marchandises.
6. *Pourpoint* : vêtement d'homme couvrant le torse.
7. *Eau des Barbades* : sorte de rhum des Antilles (« les Îles »), colonies partagées alors entre l'Espagne, l'Angleterre et la France, et siège d'un commerce très lucratif.
8. *Bourse* : sacoche.
9. *Biscuit de mer* : une des bases de l'alimentation en mer, au temps de la marine à voile.

présenta de son eau des Barbades à Mlle de Kerkabon et à
monsieur son frère ; il en but avec eux ; il leur en fit reboire
55 encore, et tout cela d'un air si simple et si naturel que le frère et la
sœur en furent charmés. Ils lui offrirent leurs services, en lui
demandant qui il était et où il allait. Le jeune homme leur
répondit qu'il n'en savait rien, qu'il était curieux, qu'il avait
voulu voir comment les côtes de France étaient faites, qu'il était
60 venu, et allait s'en retourner.

Monsieur le prieur, jugeant à son accent qu'il n'était pas
anglais, prit la liberté de lui demander de quel pays il était. « Je
suis huron », lui répondit le jeune homme.

Mlle de Kerkabon, étonnée et enchantée de voir un Huron qui
65 lui avait fait des politesses, pria le jeune homme à souper ; il ne
se fit pas prier deux fois, et tous trois allèrent de compagnie au
prieuré de Notre-Dame de la Montagne.

La courte et ronde demoiselle le regardait de tous
ses petits yeux, et disait de temps en temps au prieur :
70 « Ce grand garçon-là a un teint de lis et de rose ! qu'il
a une belle peau pour un Huron ! — Vous avez raison,
ma sœur », disait le prieur. Elle faisait cent questions
coup sur coup, et le voyageur répondait toujours fort juste.

Le bruit se répandit bientôt qu'il y avait un Huron au prieuré.
75 La bonne compagnie du canton s'empressa d'y venir souper.
L'abbé de Saint-Yves y vint avec mademoiselle sa sœur, jeune
Basse-Brette[1], fort jolie et très bien élevée. Le bailli[2], le receveur
des tailles[3] et leurs femmes furent du souper. On plaça l'étranger
entre Mlle de Kerkabon et Mlle de Saint-Yves. Tout le monde le
80 regardait avec admiration ; tout le monde lui parlait et
l'interrogeait à la fois ; le Huron ne s'en émouvait pas. Il semblait

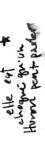

1. *Basse-Brette* : féminin archaïque de bas-breton.
2. *Bailli* : officier royal chargé de la justice.
3. *Receveur des tailles* : collecteur d'impôts.

qu'il eût pris pour sa devise celle de milord Bolingbroke[1] : *nihil admirari*[2]. Mais à la fin, excédé de tant de bruit, il leur dit avec assez de douceur, mais avec un peu de fermeté : « Messieurs, dans mon pays on parle l'un après l'autre ; comment voulez-vous que je vous réponde quand vous m'empêchez de vous entendre ? » La raison fait toujours rentrer les hommes en eux-mêmes pour quelques moments. Il se fit un grand silence. Monsieur le bailli, qui s'emparait toujours des étrangers dans quelque maison qu'il se trouvât, et qui était le plus grand questionneur de la province, lui dit en ouvrant la bouche d'un demi-pied[3] : « Monsieur, comment vous nommez-vous ? — On m'a toujours appelé *l'Ingénu,* reprit le Huron, et on m'a confirmé ce nom en Angleterre, parce que je dis toujours naïvement ce que je pense, comme je fais tout ce que je veux.

— Comment, étant né huron, avez-vous pu, monsieur, venir en Angleterre ? — C'est qu'on m'y a mené ; j'ai été fait, dans un combat, prisonnier par les Anglais, après m'être assez bien défendu ; et les Anglais, qui aiment la bravoure, parce qu'ils sont braves et qu'ils sont aussi honnêtes[4] que nous, m'ayant proposé de me rendre à mes parents ou de venir en Angleterre, j'acceptai le dernier parti[5] parce que de mon naturel[6] j'aime passionnément à voir du pays.

— Mais, monsieur, dit le bailli avec son ton imposant, comment avez-vous pu abandonner ainsi père et mère ? — C'est que je n'ai jamais connu ni père ni mère », dit l'étranger. La

---

1. *Bolingbroke :* aristocrate et penseur anglais (1678-1751), ami et protecteur de Voltaire, qui venait d'en faire le protagoniste d'un de ses essais philosophiques (*Examen important de milord Bolingbroke,* mai 1767).
2. *Nihil admirari :* ne s'étonner de rien ; citation latine d'inspiration stoïcienne empruntée au poète romain Horace.
3. *Demi-pied :* environ 17 cm.
4. *Honnêtes :* pleins de probité et de civilité.
5. *Parti :* solution proposée.
6. *De mon naturel :* par nature.

compagnie s'attendrit, et tout le monde répétait : *Ni père, ni mère !* « Nous lui en servirons, dit la maîtresse de la maison à son frère le prieur ; que ce monsieur le Huron est intéressant ! »
110 L'Ingénu la remercia avec une cordialité noble et fière, et lui fit comprendre qu'il n'avait besoin de rien.

« Je m'aperçois, monsieur l'Ingénu, dit le grave bailli, que vous parlez mieux français qu'il n'appartient à un Huron. — Un Français, dit-il, que nous avions pris dans ma grande jeunesse en
115 Huronie, et pour qui je conçus beaucoup d'amitié, m'enseigna sa langue ; j'apprends très vite ce que je veux apprendre. J'ai trouvé en arrivant à Plymouth[1] un de vos Français réfugiés que vous appelez *huguenots*[2], je ne sais pourquoi ; il m'a fait faire quelques progrès dans la connaissance de votre langue ; et, dès que j'ai pu
120 m'exprimer intelligiblement, je suis venu voir votre pays, parce que j'aime assez les Français quand ils ne font pas trop de questions. »

L'abbé de Saint-Yves, malgré ce petit avertissement, lui demanda laquelle des trois langues lui plaisait davantage, la
125 huronne, l'anglaise ou la française. « La huronne, sans contredit, répondit l'Ingénu. — Est-il possible ? s'écria Mlle de Kerkabon ; j'avais toujours cru que le français était la plus belle de toutes les langues après le bas-breton. »

Alors ce fut à qui demanderait à l'Ingénu comment on
130 disait en huron du tabac, et il répondait *taya ;* comment on disait manger, et il répondait *essenten.* Mlle de Kerkabon voulut absolument savoir comment on disait faire l'amour[3] ;

---

1. *Plymouth :* port anglais.
2. *Huguenots :* À Genève, « les protestants s'appelaient egnots, du mot *eidgenossen,* alliés par serment. [...] De là vient que les réformés de France eurent le nom d'egnots ou huguenots ; terme dont la plupart des écrivains français inventèrent depuis de vaines origines » (Voltaire, *Essai sur les mœurs,* chap. 133). L'étymologie du mot était fort discutée.
3. *Faire l'amour :* courtiser.

il lui répondit *trovander*[1], et soutint, non sans apparence de
raison, que ces mots-là valaient bien les mots français et anglais
135   qui leur correspondaient. *Trovander* parut très joli à tous les
convives.

Monsieur le prieur, qui avait dans sa bibliothèque la
grammaire huronne dont le révérend père Sagard-Théodat[2],
récollet[3], fameux missionnaire[4], lui avait fait présent, sortit de
140   table un moment pour l'aller consulter. Il revint tout haletant de
tendresse et de joie. Il reconnut l'Ingénu pour un vrai Huron. On
disputa un peu sur la multiplicité des langues, et on convint que,
sans l'aventure de la tour de Babel[5], toute la terre aurait parlé
français.

145   L'interrogant bailli, qui jusque-là s'était défié un peu du
personnage, conçut pour lui un profond respect ; il lui parla avec
plus de civilité qu'auparavant, de quoi l'Ingénu ne s'aperçut pas.

Mlle de Saint-Yves était fort curieuse de savoir comment on
faisait l'amour au pays des Hurons. « En faisant de belles actions,
150   répondit-il, pour plaire aux personnes qui vous ressemblent. »
Tous les convives applaudirent avec étonnement. Mlle de
Saint-Yves rougit, et fut fort aise. Mlle de Kerkabon rougit aussi,
mais elle n'était pas si aise ; elle fut un peu piquée que la
galanterie ne s'adressât pas à elle, mais elle était si bonne
155   personne que son affection pour le Huron n'en fut point du tout
altérée. Elle lui demanda, avec beaucoup de bonté, combien il

---

1. *Trovander* : « Tous ces noms sont en effet hurons » (note de Voltaire, grand
lecteur de récits de voyage, comme tous ses contemporains).
2. *Sagard-Théodat* : Voltaire possédait, du révérend père Théodat, le *Grand
Voyage au pays des Hurons [...]*, avec un dictionnaire de la langue huronne,
1632.
3. *Récollet* : moine franciscain.
4. *Missionnaire* : religieux chargé d'évangéliser les peuples non chrétiens.
5. *Babel* : la tour de Babel, élevée, selon la Bible, par les fils de Noé, pour
atteindre le ciel, se serait effondrée en raison de la confusion des langues chez
les bâtisseurs.

avait eu de maîtresses[1] en Huronie. « Je n'en ai jamais eu qu'une,
dit l'Ingénu ; c'était Mlle Abacaba, la bonne amie de ma chère
nourrice ; les joncs ne sont pas plus droits, l'hermine n'est pas
160 plus blanche, les moutons sont moins doux, les aigles moins
fiers, et les cerfs ne sont pas si légers que l'était Abacaba. Elle
poursuivait un jour un lièvre dans notre voisinage, environ à
cinquante lieues de notre habitation. Un Algonquin[2] mal élevé,
qui habitait cent lieues plus loin, vint lui prendre son lièvre ; je le
165 sus, j'y courus, je terrassai l'Algonquin d'un coup de massue, je
l'amenai aux pieds de ma maîtresse, pieds et poings liés. Les
parents d'Abacaba voulurent le manger, mais je n'eus jamais de
goût pour ces sortes de festins ; je lui rendis sa liberté, j'en fis un
ami. Abacaba fut si touchée de mon procédé qu'elle me préféra à
170 tous ses amants. Elle m'aimerait encore si elle n'avait pas été
mangée par un ours. J'ai puni l'ours, j'ai porté longtemps sa peau,
mais cela ne m'a pas consolé. »

Mlle de Saint-Yves, à ce récit, sentait un plaisir secret
d'apprendre que l'Ingénu n'avait eu qu'une maîtresse, et
175 qu'Abacaba n'était plus ; mais elle ne démêlait pas la cause de
son plaisir. Tout le monde fixait les yeux sur l'Ingénu ; on le louait
beaucoup d'avoir empêché ses camarades de manger un
Algonquin.

L'impitoyable bailli, qui ne pouvait réprimer sa fureur de
180 questionner, poussa enfin la curiosité jusqu'à s'informer de quelle
religion était monsieur le Huron ; s'il avait choisi la religion
anglicane, ou la gallicane, ou la huguenote[3]. « Je suis de ma

---

1. *Maîtresses* : femmes que l'on aime, à qui l'on fait la cour.
2. *Algonquin* : les Algonquins sont une peuplade canadienne d'environ 50 000
âmes réparties en une vingtaine de tribus, alliés aux Français contre les Iroquois
et les Anglais.
3. *Anglicane, gallicane, huguenote* : respectivement, la religion officielle des
Anglais, le catholicisme français, le protestantisme, trois branches du
christianisme, qui comporte, bien entendu, beaucoup plus de ramifications. Le
gallicanisme, au sens propre, désigne un certain nombre de droits spécifiques

religion, dit-il, comme vous de la vôtre. — Hélas ! s'écria la
Kerkabon, je vois bien que ces malheureux Anglais n'ont pas
185 seulement songé à le baptiser. — Eh ! mon Dieu, disait Mlle de
Saint-Yves, comment se peut-il que les Hurons ne soient pas
catholiques ? Est-ce que les RR. PP.[1] jésuites ne les ont
pas tous convertis ? » L'Ingénu l'assura que dans son
pays on ne convertissait personne ; que jamais un vrai Huron
190 n'avait changé d'opinion, et que même il n'y avait
point dans sa langue de terme qui signifiât *inconstance*. Ces
derniers mots plurent extrêmement à Mlle de Saint-Yves.

   « Nous le baptiserons, nous le baptiserons, disait la Kerkabon à
monsieur le prieur ; vous en aurez l'honneur, mon cher frère ; je
195 veux absolument être sa marraine ; M. l'abbé de Saint-Yves le
présentera sur les fonts[3] : ce sera une cérémonie bien brillante ; il
en sera parlé dans toute la Basse-Bretagne, et cela nous fera un
honneur infini. » Toute la compagnie seconda la maîtresse de la
maison ; tous les convives criaient : « Nous le baptiserons ! »
200 L'Ingénu répondit qu'en Angleterre on laissait vivre les gens à leur
fantaisie. Il témoigna que la proposition ne lui plaisait point du
tout, et que la loi des Hurons valait pour le moins la loi des
Bas-Bretons ; enfin, il dit qu'il repartait le lendemain. On acheva
de vider sa bouteille d'eau des Barbades, et chacun s'alla coucher.
205   Quand on eut reconduit l'Ingénu dans sa chambre, Mlle de
Kerkabon et son amie Mlle de Saint-Yves ne purent se tenir de
regarder par le trou d'une large serrure pour voir comment
dormait un Huron. Elles virent qu'il avait étendu la couverture du
lit sur le plancher, et qu'il reposait dans la plus belle attitude du
210 monde.

[handwritten marginal note:] ...omme il n'est pas un homme.

---

de l'Église française d'avant 1789, par rapport aux prérogatives du pape (les
libertés gallicanes venaient d'être codifiées solennellement). L'adjectif est donc
plaisamment inattendu dans cette énumération, puisque le gallicanisme n'est ni
une religion ni une hérésie.
1. *RR.PP.* : révérends pères.
3. *Fonts* : bassin contenant l'eau du baptême (pour les fonts baptismaux).

Chapitre premier

TITRES EN APÉRITIF

Les romanciers modernes ont généralement abandonné la tradition des sous-titres et des titres de chapitres, sauf pour donner à leur récit un charme désuet, une tonalité ironiquement détachée. Est-ce le cas ici ? En connaissez-vous des exemples plus récents ?

Analysez chacun des trois éléments qui précèdent et préparent l'entrée dans le récit :

1. Le titre : de quel autre titre voltairien célèbre est-il le plus proche ? Sont-ils pour autant entièrement interchangeables ?

2. Le sous-titre : si l'on songe que *l'Ingénu* est d'abord paru anonymement, et que le livre fut condamné, le sous-titre n'a-t-il qu'une fonction ludique ? N'est-il pas lui-même composé de deux énoncés différents, qu'il conviendrait de distinguer, en se souvenant que les romanciers du XVIIIe siècle se méfient beaucoup du mot roman et aiment affirmer qu'ils rapportent des histoires vraies ou transcrivent des manuscrits authentiques. « Histoire véritable » est donc, à l'époque, à la fois une expression toute faite synonyme de roman, et un leurre susceptible de tromper le lecteur, si l'auteur le veut vraiment. Rousseau avait réussi à faire croire que *la Nouvelle Héloïse* reproduisait une correspondance authentique. Voltaire fait-il vraiment beaucoup d'efforts dans ce sens ? Bien loin de se conforter, les deux éléments du sous-titre n'entrent-ils pas en conflit sournois ?

3. À quoi tient l'ironie du titre de chapitre, à la fois immédiatement sensible et délicate à définir ?

LA DOUBLE ENTRÉE

1. Pourquoi Voltaire ne commence-t-il pas directement par le troisième paragraphe (« En l'année... »), et choisit-il, en lieu et place d'un récit apparemment historique, de passer par la fable, par la pieuse légende des saints, par le conte (« Un jour... ») ? S'agit-il de pasticher (voir p. 194) le style dévot du pseudo-auteur janséniste pour mieux s'en moquer ? De marquer, comme Voltaire le répète si souvent, que tous les hommes et toutes les nations ont commencé par la fable, par la croyance, par le mythe, avant de s'éclairer lentement et péniblement à la lumière vacillante de la raison ?

Dans un de ses textes majeurs, *la Philosophie de l'histoire* (1765), qu'il placera, en 1769, en tête de l'*Essai sur les mœurs* datant de 1756, il explique que toutes les nations, par vanité, s'imaginent des origines fabuleuses : peut-on trouver ici un écho de cette idée essentielle (reprise au chapitre XI de *l'Ingénu*) ? Comment est-elle mise en récit et rendue comique ?

2. Un théologien, un saint, des miracles (on sait bien que la foi peut déplacer les montagnes !) : quel livre sacré de la culture occidentale se trouverait alors parodié (voir p. 194) dans les deux premiers paragraphes ? Auxquels s'opposerait aussitôt après un autre type de récit, apparemment placé sous le signe de la vérité vérifiable : tel jour, etc. Mais, comme il s'agit encore d'une fable, d'une fiction, d'un mensonge, en quoi se distingue-t-elle de la précédente ? (On trouvera au chapitre XI une superbe formulation de la différence entre ces deux sortes de fables.)

3. Ne pourrait-on pas alors élargir la constatation, et se demander, avec Jean Starobinski (voir p. 185 à 187), si le roman tout entier ne s'écrit pas sous le signe du double : double lieu, double histoire des deux jeunes héros, double procès réciproque d'éducation en prison, double tonalité, etc. ? Rassemblez, et si possible classez, tous les traits qui, dans ce chapitre, relèvent de cette structure du double (par ex., le prieur lit saint Augustin et Rabelais...).

Chapitre II

Le Huron, nommé l'Ingénu,
reconnu de ses parents

L'INGÉNU, selon sa coutume, s'éveilla avec le soleil au chant du coq, qu'on appelle en Angleterre et en Huronie *la trompette du jour*[1]. Il n'était pas comme la bonne compagnie qui languit dans un lit oiseux[2] jusqu'à ce que le soleil ait fait la moitié de son tour,
5 qui ne peut ni dormir ni se lever, qui perd tant d'heures précieuses dans cet état mitoyen entre la vie et la mort, et qui se plaint encore que la vie est trop courte.

Il avait déjà fait deux ou trois lieues[3], il avait tué trente pièces de gibier à balle seule[4], lorsqu'en rentrant il trouva
10 monsieur le prieur de Notre-Dame de la Montagne et sa discrète sœur, se promenant en bonnet de nuit dans leur petit jardin. Il leur présenta toute sa chasse, et, en tirant de sa chemise une espèce de petit talisman[5] qu'il portait toujours à son cou, il les pria de l'accepter en reconnaissance de leur bonne réception.
15 « C'est ce que j'ai de plus précieux, leur dit-il ; on m'a assuré que je serais toujours heureux tant que je porterais ce petit

---

1. *Trompette du jour :* référence (ironique ?) à Shakespeare : « The cock that is the trumpet of the morn... » *(Hamlet).*
2. *Oiseux :* inutile, paresseux, oisif ; souvenir de Boileau ? « Sors de ce lit oiseux... » *(le Lutrin).*
3. Une lieue fait environ 4 km.
4. *Balle seule :* avec la première balle de son fusil à deux coups.
5. *Talisman :* objet marqué de signes cabalistiques, supposé doté de grands pouvoirs.

brimborion[1] sur moi, et je vous le donne afin que vous soyez
toujours heureux. »

20   Le prieur et mademoiselle sourirent avec attendrissement de
la naïveté de l'Ingénu. Ce présent consistait en deux petits
portraits assez mal faits, attachés ensemble avec une courroie
fort grasse.

   Mlle de Kerkabon lui demanda s'il y avait des peintres en
Huronie. « Non, dit l'Ingénu, cette rareté me vient de ma
25 nourrice ; son mari l'avait eue par conquête, en dépouillant
quelques Français du Canada qui nous avaient fait la guerre ;
c'est tout ce que j'en ai su. »

   Le prieur regardait attentivement ces portraits ; il changea de
couleur, il s'émut, ses mains tremblèrent. « Par Notre-Dame de
30 la Montagne, s'écria-t-il, je crois que voilà le visage de mon frère
le capitaine et de sa femme ! » Mademoiselle, après les avoir
considérés avec la même émotion, en jugea de même. Tous deux
étaient saisis d'étonnement et d'une joie mêlée de douleur ; tous
deux s'attendrissaient ; tous deux pleuraient ; leur cœur
35 palpitait ; ils poussaient des cris ; ils s'arrachaient les portraits ;
chacun d'eux les prenait et les rendait vingt fois en une seconde ;
ils dévoraient des yeux les portraits et le Huron ; ils lui
demandaient l'un après l'autre, et tous deux à la fois, en quel
lieu, en quel temps, comment ces miniatures étaient tombées
40 entre les mains de sa nourrice ; ils rapprochaient, ils comptaient
les temps depuis le départ du capitaine ; ils se souvenaient
d'avoir eu nouvelle qu'il avait été jusqu'au pays des Hurons, et
que depuis ce temps ils n'en avaient jamais entendu parler.
L'Ingénu leur avait dit qu'il n'avait connu ni père ni mère. Le
45 prieur, qui était homme de sens, remarqua que l'Ingénu avait un
peu de barbe ; il savait très bien que les Hurons n'en ont point.
« Son menton est cotonné, il est donc fils d'un homme d'Europe.

---

1. *Brimborion :* chose sans valeur et sans utilité.

Mon frère et ma belle-sœur ne parurent plus après l'expédition contre les Hurons en 1669 ; mon neveu devait alors être à la
50 mamelle ; la nourrice huronne lui a sauvé la vie et lui a servi de mère. » Enfin, après cent questions et cent réponses, le prieur et sa sœur conclurent que le Huron était leur propre neveu. Ils l'embrassaient en versant des larmes ; et l'Ingénu riait, ne pouvant s'imaginer qu'un Huron fût neveu d'un prieur bas-breton.
55   Toute la compagnie descendit ; M. de Saint-Yves, qui était grand physionomiste, compara les deux portraits avec le visage de l'Ingénu ; il fit très habilement remarquer qu'il avait les yeux de sa mère, le front et le nez de feu M. le capitaine de Kerkabon, et des joues qui tenaient de l'un et de l'autre.
60   Mlle de Saint-Yves, qui n'avait jamais vu le père ni la mère, assura que l'Ingénu leur ressemblait parfaitement. Ils admiraient tous la Providence[1] et l'enchaînement des événements de ce monde. Enfin on était si persuadé, si convaincu de la naissance de l'Ingénu, qu'il consentit lui-même à être neveu de monsieur
65 le prieur, en disant qu'il aimait autant l'avoir pour son oncle qu'un autre.
    On alla rendre grâce à Dieu dans l'église de Notre-Dame de la Montagne, tandis que le Huron, d'un air indifférent, s'amusait à boire dans la maison.
70   Les Anglais qui l'avaient amené, et qui étaient prêts à mettre à la voile, vinrent lui dire qu'il était temps de partir. « Apparemment, leur dit-il, que vous n'avez pas retrouvé vos oncles et vos tantes : je reste ici ; retournez à Plymouth, je vous donne toutes mes hardes[2], je n'ai plus besoin de rien au monde,
75 puisque je suis le neveu d'un prieur. » Les Anglais mirent à la voile, en se souciant fort peu que l'Ingénu eût des parents ou non en Basse-Bretagne.

---

1. *Providence* : suprême sagesse par laquelle Dieu conduit le monde et les hommes.
2. *Hardes* : vêtements usuels.

Après que l'oncle, la tante et la compagnie eurent chanté le *Te Deum*[1] ; après que le bailli eut encore accablé l'Ingénu de
80 questions ; après qu'on eut épuisé tout ce que l'étonnement, la joie, la tendresse peuvent faire dire, le prieur de la Montagne et l'abbé de Saint-Yves conclurent à faire baptiser l'Ingénu au plus vite. Mais il n'en était pas d'un grand Huron de vingt-deux ans comme d'un enfant qu'on régénère[2] sans qu'il en sache rien. Il
85 fallait l'instruire, et cela paraissait difficile : car l'abbé de Saint-Yves supposait qu'un homme qui n'était pas né en France n'avait pas le sens commun.

Le prieur fit observer à la compagnie que, si en effet monsieur l'Ingénu, son neveu, n'avait pas eu le bonheur d'être élevé en
90 Basse-Bretagne, il n'en avait pas moins d'esprit ; qu'on en pouvait juger par toutes ses réponses ; et que sûrement la nature l'avait beaucoup favorisé, tant du côté paternel que du maternel.

On lui demanda d'abord s'il avait jamais lu quelque livre. Il dit
95 qu'il avait lu Rabelais traduit en anglais[3], et quelques morceaux de Shakespeare qu'il savait par cœur ; qu'il avait trouvé ces livres chez le capitaine du vaisseau qui l'avait amené de l'Amérique à Plymouth et qu'il en était fort content. Le bailli ne manqua pas de l'interroger sur ces livres. « Je vous avoue, dit
100 l'Ingénu, que j'ai cru en deviner quelque chose, et que je n'ai pas entendu[4] le reste. »

L'abbé de Saint-Yves, à ce discours, fit réflexion que c'était ainsi que lui-même avait toujours lu, et que la plupart des hommes ne lisaient guère autrement. « Vous avez sans doute lu
105 la Bible ? dit-il au Huron. — Point du tout, monsieur l'abbé ;

---

1. *Te Deum* : premiers mots d'un cantique solennel chanté pour remercier Dieu : *Te Deum laudamus...*
2. *Régénère* : terme théologique ; le baptême régénère, donne une nouvelle naissance.
3. *En anglais* : de telles traductions existaient en effet.
4. *Entendu* : compris (classicisme).

elle n'était pas parmi les livres de mon capitaine ; je n'en ai jamais entendu parler. — Voilà comme sont ces maudits Anglais[1], criait Mlle de Kerkabon ; ils feront plus de cas d'une pièce de Shakespeare, d'un plumbpouding et d'une bouteille de
110 rhum que du Pentateuque[2]. Aussi n'ont-ils jamais converti personne en Amérique. Certainement ils sont maudits de Dieu ; et nous leur prendrons la Jamaïque et la Virginie avant qu'il soit peu de temps[3]. »

Quoi qu'il en soit, on fit venir le plus habile tailleur de
115 Saint-Malo pour habiller l'Ingénu de pied en cap. La compagnie se sépara ; le bailli alla faire ses questions ailleurs. Mlle de Saint-Yves, en partant, se retourna plusieurs fois pour regarder l'Ingénu ; et il lui fit des révérences plus profondes qu'il n'en avait jamais fait à personne en sa vie.

120 Le bailli, avant de prendre congé, présenta à Mlle de Saint-Yves un grand nigaud de fils qui sortait du collège ; mais à peine le regarda-t-elle, tant elle était occupée de la politesse du Huron.

---

1. Voltaire plaisante, puisque ce sont précisément les protestants, donc les Anglais, qui pratiquaient la lecture assidue et individuelle de la Bible, alors que le clergé catholique conseillait le catéchisme.
2. *Pentateuque* : nom donné aux cinq premiers livres de l'Ancien Testament, attribués à Moïse. Cette attribution, mise en doute par Spinoza (1632-1677), alimentait depuis lors de vives polémiques, auxquelles Voltaire participait allègrement.
3. Prophétie d'une ironie cinglante, puisque le traité de Paris (1763) venait de dépecer l'empire colonial français au profit des Anglais.

Chapitre II

L'INGÉNU RECONNU !

La scène de reconnaissance (« la croix de ma mère ! ») deviendra, au
XIXᵉ siècle, un moment clé du mélodrame (voir p. 194), genre dont la
vogue commence à la toute fin du XVIIIᵉ et n'a donc aucune influence
sur Voltaire. Celui-ci se sert et se moque d'un procédé dont le roman a
fait grand usage, mais qui vient du théâtre tragique (cf. *Œdipe roi* de
Sophocle, et bien des pièces de Voltaire lui-même). Usage ironique
(en quoi ?) ne signifie pas usage négligent ; bien loin d'expédier cette
scène pour courir plus vite aux « idées », le romancier la développe et
la soigne avec un plaisir évident : comment ?

MORALE ET PHILOSOPHIE

Le bout de l'oreille du moraliste et du philosophe pointe dès cette
scène, et sans doute plus encore dans la suite du chapitre : analysez
les différents modes d'expression de l'idée philosophique. Y a-t-il au
demeurant une seule idée ? Quand on y regarde de près, n'apparaît-il
pas que le narrateur entrelace savamment plusieurs motifs, évitant
ainsi toute allure de parabole (voir p. 194) ? Y a-t-il un motif qui
domine ?

Le dernier mot reste-t-il pourtant aux « idées » ? Quelle est la fonction
des deux derniers paragraphes, et à quoi tient ici l'esprit voltairien
lorsqu'il ne semble viser aucune cible philosophique ?

Chapitre III

Le Huron, nommé l'Ingénu, converti

MONSIEUR LE PRIEUR, voyant qu'il était un peu sur l'âge, et que Dieu lui envoyait un neveu pour sa consolation, se mit en tête qu'il pourrait lui résigner son bénéfice[1] s'il réussissait à le baptiser et à le faire entrer dans les ordres[2].

5   L'Ingénu avait une mémoire excellente. La fermeté des organes de Basse-Bretagne, fortifiée par le climat du Canada, avait rendu sa tête si vigoureuse que, quand on frappait dessus, à peine le sentait-il ; et, quand on gravait dedans, rien ne s'effaçait ; il n'avait jamais rien oublié. Sa conception[3] était

10 d'autant plus vive et plus nette que, son enfance n'ayant point été chargée des inutilités et des sottises qui accablent la nôtre, les choses entraient dans sa cervelle sans nuage. Le prieur résolut enfin de lui faire lire le Nouveau Testament[4]. L'Ingénu le dévora avec beaucoup de plaisir ; mais, ne sachant ni dans quel

15 temps ni dans quel pays toutes les aventures rapportées dans ce livre étaient arrivées, il ne douta point que le lieu de la scène ne fût en Basse-Bretagne, et il jura qu'il couperait le nez et les

---

1. *Bénéfice* : la fonction de prieur et les revenus qu'elle implique. Le prieur compte résigner son bénéfice, c'est-à-dire s'en démettre en faveur de son neveu.
2. *Dans les ordres* : dans un ordre religieux.
3. *Sa conception* : sa faculté de concevoir des idées, donc son intelligence.
4. *Nouveau Testament* : les Évangiles chrétiens, par opposition à l'Ancien Testament, seul livre sacré des juifs.

oreilles à Caïphe et à Pilate[1] si jamais il rencontrait ces
marauds-là[2].

20   Son oncle, charmé de ces bonnes dispositions, le mit au fait en
peu de temps ; il loua son zèle, mais il lui apprit que ce zèle était
inutile, attendu que ces gens-là étaient morts il y avait environ
seize cent quatre-vingt-dix années. L'Ingénu sut bientôt presque
tout le livre par cœur. Il proposait quelquefois des difficultés qui
25   mettaient le prieur fort en peine. Il était obligé souvent de
consulter l'abbé de Saint-Yves qui, ne sachant que répondre, fit
venir un jésuite bas-breton pour achever la conversion du
Huron.

Enfin la grâce[3] opéra ; l'Ingénu promit de se faire chrétien ; il
30   ne douta pas qu'il ne dût commencer par être circoncis[4] : « Car,
disait-il, je ne vois pas dans le livre qu'on m'a fait lire un seul
personnage qui ne l'ait été ; il est donc évident que je dois faire le
sacrifice de mon prépuce : le plus tôt c'est le mieux. » Il ne
délibéra point. Il envoya chercher le chirurgien du village et le
35   pria de lui faire l'opération, comptant réjouir infiniment Mlle de
Kerkabon et toute la compagnie quand une fois la chose serait
faite. Le frater[5], qui n'avait point encore fait cette opération, en
avertit la famille, qui jeta les hauts cris. La bonne Kerkabon
trembla que son neveu, qui paraissait résolu et expéditif, ne se fit
40   lui-même l'opération très maladroitement, et qu'il n'en résultât

---

1. *Caïphe... Pilate :* respectivement, le grand prêtre juif et le gouverneur
romain, tenus pour responsables de la mort de Jésus.
2. *Marauds :* individus méprisables, coquins.
3. *Grâce :* secours miraculeux, émané de Dieu pour aider la créature à résister
aux conséquences du péché originel et gagner le salut éternel ; notion
essentielle et problématique de la théologie chrétienne. Voltaire nie absolument
et l'existence du péché originel et celle de la grâce.
4. *Circoncis :* juifs et musulmans pratiquent la circoncision, l'ablation rituelle du
prépuce, c'est-à-dire de la peau qui recouvre l'extrémité du sexe masculin.
5. *Frater :* « frère » en latin. Le mot désignait les barbiers-chirurgiens de village,
ou les aides-chirurgiens militaires, autrement dit de médiocres praticiens.

de tristes effets auxquels les dames s'intéressent toujours par
bonté d'âme.

Le prieur redressa les idées du Huron ; il lui remontra que la
circoncision n'était plus de mode, que le baptême était beaucoup
45 plus doux et plus salutaire, que la loi de grâce n'était pas comme
la loi de rigueur[1]. L'Ingénu, qui avait beaucoup de bon sens et de
droiture, disputa[2], mais reconnut son erreur, ce qui est assez rare
en Europe aux gens qui disputent ; enfin il promit de se faire
baptiser quand on voudrait.

50 Il fallait auparavant se confesser[3], et c'était là le plus difficile.
L'Ingénu avait toujours en poche le livre que son oncle lui avait
donné. Il n'y trouvait pas qu'un seul apôtre[4] se fût confessé, et
cela le rendait très rétif. Le prieur lui ferma la bouche en lui
montrant, dans l'épître de saint Jacques le Mineur, ces mots qui
55 font tant de peine aux hérétiques[5] : *Confessez vos péchés les uns
aux autres.* Le Huron se tut, et se confessa à un récollet[6]. Quand il
eut fini, il tira le récollet du confessionnal, et, saisissant son
homme d'un bras vigoureux, il se mit à sa place et le fit mettre à
genoux devant lui : « Allons, mon ami, il est dit : *Confessez-vous
60 les uns aux autres* ; je t'ai conté mes péchés, tu ne sortiras pas d'ici

---

1. *Loi de grâce ... loi de rigueur :* termes théologiques ; la loi de rigueur désigne
la loi divine contenue dans l'Ancien Testament, avant donc l'incarnation du
Christ, venu sauver les hommes par son sacrifice et leur apporter la loi de grâce,
plus douce et plus miséricordieuse, autrement dit le christianisme.
2. *Disputa :* au sens théologique de la dispute, ou discussion en règle entre
théologiens.
3. *Se confesser :* après le baptême, l'Ingénu rencontre un autre sacrement
catholique dont le statut pose problème à qui veut faire retour à la Bible comme
fondement du christianisme, par-dessus la Tradition, c'est-à-dire les
innovations ultérieures de l'Église. Les catholiques invoquent habituellement le
passage de saint Jacques le Mineur, cité aux lignes 55-56, pour justifier le
sacrement dit « de pénitence », refusé par les protestants.
4. *Apôtre :* les apôtres sont les douze compagnons du Christ.
5. *Hérétiques :* ici, les protestants, infidèles à la stricte religion catholique.
6. *Récollet :* moine franciscain.

47

que tu ne m'aies conté les tiens. » En parlant ainsi, il appuyait son
large genou contre la poitrine de son adverse partie. Le récollet
pousse des hurlements qui font retentir l'église. On accourt au
bruit, on voit le catéchumène[1] qui gourmait[2] le moine au nom de
saint Jacques le Mineur. La joie de baptiser un Bas-Breton huron
et anglais était si grande qu'on passa par-dessus ces singularités.
Il y eut même beaucoup de théologiens qui pensèrent que la
confession n'était pas nécessaire, puisque le baptême tenait lieu
de tout[3].

On prit jour[4] avec l'évêque de Saint-Malo, qui, flatté, comme
on peut le croire, de baptiser un Huron, arriva dans un pompeux
équipage, suivi de son clergé. Mlle de Saint-Yves, en bénissant
Dieu, mit sa plus belle robe et fit venir une coiffeuse de
Saint-Malo, pour briller à la cérémonie. L'interrogant bailli
accourut avec toute la contrée. L'église était magnifiquement
parée ; mais, quand il fallut prendre le Huron pour le mener aux
fonts baptismaux, on ne le trouva point.

L'oncle et la tante le cherchèrent partout. On crut qu'il était à
la chasse, selon sa coutume. Tous les conviés à la fête
parcoururent les bois et les villages voisins : point de nouvelles
du Huron.

On commençait à craindre qu'il ne fût retourné en Angleterre.
On se souvenait de lui avoir entendu dire qu'il aimait fort ce
pays-là. Monsieur le prieur et sa sœur étaient persuadés qu'on
n'y baptisait personne, et tremblaient pour l'âme de leur neveu.
L'évêque était confondu[5] et prêt à s'en retourner ; le prieur et
l'abbé de Saint-Yves se désespéraient ; le bailli interrogeait tous
les passants avec sa gravité ordinaire. Mlle de Kerkabon

---

1. *Catéchumène* : personne que l'on instruit pour recevoir le baptême.
2. *Gourmait* : battait à coups de poing.
3. Bel exemple de dispute théologique : le baptême dispense-t-il ou non de la
confession ?
4. *On prit jour* : on décida d'un jour.
5. *Confondu* : réduit à l'impuissance, à la confusion.

pleurait ; Mlle de Saint-Yves ne pleurait pas, mais elle poussait
90 de profonds soupirs qui semblaient témoigner son goût pour les
sacrements. Elles se promenaient tristement le long des saules et
des roseaux qui bordent la petite rivière de Rance, lorsqu'elles
aperçurent au milieu de la rivière une grande figure assez
blanche, les deux mains croisées sur la poitrine. Elles jetèrent un
95 grand cri et se détournèrent. Mais, la curiosité l'emportant
bientôt sur toute autre considération, elles se coulèrent[1]
doucement entre les roseaux, et quand elles furent bien sûres de
n'être point vues, elles voulurent voir de quoi il s'agissait.

---

1. *Se coulèrent :* se glissèrent.

Chapitre IV

L'Ingénu baptisé

Le PRIEUR et l'abbé, étant accourus, demandèrent à l'Ingénu ce qu'il faisait là. « Eh parbleu ! messieurs, j'attends le baptême. Il y a une heure que je suis dans l'eau jusqu'au cou, et il n'est pas honnête de me laisser morfondre.

5 — Mon cher neveu, lui dit tendrement le prieur, ce n'est pas ainsi qu'on baptise en Basse-Bretagne ; reprenez vos habits et venez avec nous. » Mlle de Saint-Yves, en entendant ce discours, disait tout bas à sa compagne : « Mademoiselle, croyez-vous qu'il reprenne sitôt ses habits ? »

10 Le Huron cependant repartit au prieur : « Vous ne m'en ferez pas accroire[1] cette fois-ci comme l'autre ; j'ai bien étudié depuis ce temps-là, et je suis très certain qu'on ne se baptise pas autrement. L'eunuque de la reine Candace[2] fut baptisé dans un ruisseau ; je vous défie de me montrer dans le livre que vous

15 m'avez donné qu'on s'y soit jamais pris d'une autre façon. Je ne serai point baptisé du tout, ou je le serai dans la rivière. » On eut beau lui démontrer que les usages avaient changé, l'Ingénu était têtu, car il était breton et huron. Il revenait toujours à l'eunuque de la reine Candace. Et, quoique mademoiselle sa tante et Mlle

20 de Saint-Yves, qui l'avaient observé entre les saules, fussent en

---

1. *Accroire :* croire ce qui n'existe pas.
2. *Candace :* reine d'Égypte — mentionnée dans les *Actes des apôtres* — dont l'eunuque et grand ministre fut baptisé par l'apôtre Philippe dans l'eau d'une rivière, entre Jérusalem et Gaza.

Illustration de *l'Ingénu*. Gravure par Simonet d'après un tableau
de Moreau le Jeune (1741-1814).

Comment vout les Kerkabons (et les autres) faire son baptisme ?

droit de lui dire qu'il ne lui appartenait pas de citer un pareil homme, elles n'en firent pourtant rien ; tant était grande leur discrétion. L'évêque vint lui-même lui parler, ce qui est beaucoup ; mais il ne gagna rien : le Huron disputa contre
25 l'évêque.

« Montrez-moi, lui dit-il, dans le livre que m'a donné mon oncle, un seul homme qui n'ait pas été baptisé dans la rivière, et je ferai tout ce que vous voudrez. »

La tante, désespérée, avait remarqué que, la première fois que
30 son neveu avait fait la révérence, il en avait fait une plus profonde à Mlle de Saint-Yves qu'à aucune autre personne de la compagnie ; qu'il n'avait pas même salué monsieur l'évêque avec ce respect mêlé de cordialité qu'il avait témoigné à cette belle demoiselle. Elle prit le parti de s'adresser à elle dans ce
35 grand embarras ; elle la pria d'interposer son crédit[1] pour engager le Huron à se faire baptiser de la même manière que les Bretons, ne croyant pas que son neveu pût jamais être chrétien s'il persistait à vouloir être baptisé dans l'eau courante.

Mlle de Saint-Yves rougit du plaisir secret qu'elle sentait
40 d'être chargée d'une si importante commission. Elle s'approcha modestement[2] de l'Ingénu, et lui serrant la main d'une manière tout à fait noble : « Est-ce que vous ne ferez rien pour moi ? » lui dit-elle ; et, en prononçant ces mots, elle baissait les yeux et les relevait avec une grâce attendrissante. « Ah ! tout ce que vous
45 voudrez, mademoiselle, tout ce que vous me commanderez : baptême d'eau, baptême de feu, baptême de sang[3], il n'y a rien

---

1. *Crédit* : influence, prestige.
2. *Modestement* : pudiquement.
3. Dans l'article « Baptême » du *Dictionnaire philosophique*, Voltaire rapporte que certains chrétiens avaient appliqué au baptisé un fer rouge, car saint Jean-Baptiste, selon saint Luc, aurait dit : « Je baptise par l'eau, mais celui qui vient après moi baptisera par le feu. » La Tradition entend par « baptême de sang » le martyre pour la foi.

que je vous refuse. » Mlle de Saint-Yves eut la gloire de faire en deux paroles ce que ni les empressements du prieur, ni les interrogations réitérées du bailli, ni les raisonnements même de
50 monsieur l'évêque n'avaient pu faire. Elle sentit son triomphe ; mais elle n'en sentait pas encore toute l'étendue.

Le baptême fut administré et reçu avec toute la décence, toute la magnificence, tout l'agrément possibles. L'oncle et la tante cédèrent à M. l'abbé de Saint-Yves et à sa sœur l'honneur de
55 tenir l'Ingénu sur les fonts. Mlle de Saint-Yves rayonnait de joie de se voir marraine. Elle ne savait pas à quoi ce grand titre l'asservissait ; elle accepta cet honneur sans en connaître les fatales conséquences[1].

Comme il n'y eut jamais de cérémonie qui ne fût suivie d'un
60 grand dîner, on se mit à table au sortir du baptême. Les goguenards[2] de Basse-Bretagne dirent qu'il ne fallait pas baptiser son vin. Monsieur le prieur disait que le vin, selon Salomon, réjouit le cœur de l'homme[3]. Monsieur l'évêque ajoutait que le patriarche Juda devait lier son ânon à la vigne, et tremper son
65 manteau dans le sang du raisin[4], et qu'il était bien triste qu'on n'en pût faire autant en Basse-Bretagne, à laquelle Dieu a dénié les vignes. Chacun tâchait de dire un bon mot sur le baptême de l'Ingénu, et des galanteries à la marraine. Le bailli, toujours interrogant, demandait au Huron s'il serait fidèle à ses
70 promesses. « Comment voulez-vous que je manque à mes promesses, répondit le Huron, puisque je les ai faites entre les mains de Mlle de Saint-Yves ? »

---

1. Selon le droit canonique catholique, une marraine ne pouvait épouser son filleul (sauf dispense généralement payante).
2. *Goguenards* : qui plaisantent en se moquant.
3. « Le vin et la musique réjouissent le cœur » *(Ecclésiaste)*.
4. Job, un des héros bibliques favoris de Voltaire, s'adresse ainsi au patriarche Juda en annonçant le Messie attendu par les juifs : « Il liera son ânon à la vigne, il liera, ô mon fils, son ânesse à la vigne. Il lavera sa robe dans le vin, et son manteau dans le sang des raisins » *(Genèse)*.

Le Huron s'échauffa ; il but beaucoup à la santé de sa marraine. « Si j'avais été baptisé de votre main, dit-il, je sens que
75 l'eau froide qu'on m'a versée sur le chignon m'aurait brûlé. » Le bailli trouva cela trop poétique, ne sachant pas combien l'allégorie[1] est familière au Canada. Mais la marraine en fut extrêmement contente.

On avait donné le nom d'Hercule au baptisé. L'évêque de
80 Saint-Malo demandait toujours quel était ce patron[2] dont il n'avait jamais entendu parler. Le jésuite, qui était fort savant, lui dit que c'était un saint qui avait fait douze miracles. Il y en avait un treizième qui valait les douze autres, mais dont il ne convenait pas à un jésuite de parler ; c'était celui d'avoir changé
85 cinquante filles en femmes en une seule nuit[3]. Un plaisant[4] qui se trouva là releva ce miracle avec énergie. Toutes les dames baissèrent les yeux, et jugèrent à la physionomie de l'Ingénu qu'il était digne du saint dont il portait le nom.

---

1. *Allégorie* : figure du discours qui développe un sens (littéral) pour en faire entendre un autre (figuré) ; sorte de métaphore continuée, comme dans cette phrase poétique de l'Ingénu.
2. *Patron* : saint patron.
3. Allusion à la légende d'Hercule et, peut-être aussi, au *Dictionnaire historique et critique* (1696) de Bayle, que Voltaire admirait fort (article « Hercule ») : « Quelques-uns disent qu'en sept jours il dépucela les cinquante filles de Thestius ; d'autres veulent qu'il n'y ait eu qu'une seule nuit. »
4. *Plaisant* : amateur de plaisanteries.

Chapitres III et IV

L'ART D'ÊTRE DRÔLE

Ces deux chapitres touchent des points essentiels de la philosophie voltairienne, que l'auteur ne cesse de dire et redire sous toutes les formes (par exemple, dans l'article « Baptême » des *Questions sur l'Encyclopédie*). C'est précisément la forme qui importe ici d'abord, l'art inimitable de rendre drôles des questions sérieuses, et même assommantes, de les mettre en rythme et en récit.

1. En récit (voir p. 195) : analysez le passage qui vous semble inscrire le plus joliment une notion théologique par principe abstraite.

2. En rythme : pourquoi et comment le romancier a-t-il découpé le baptême en deux chapitres ? Dédoublant ainsi les chutes et les débuts de chapitres, en a-t-il tiré parti, et dans quelle visée peu austère, en tout cas peu « théologique » ?

3. Ce motif sensuel apparaît-il ici pour la première fois dans le récit ? On n'oubliera pas que, au XVIIIe siècle, la philosophie se voit parfois identifiée (en bien ou en mal) avec le libertinage du corps et de l'esprit. S'agit-il pour autant, ici, d'érotisme, ou d'allusions polissonnes, qui appartiennent d'ailleurs à la tradition classique du récit comique, comme par exemple dans les Contes de La Fontaine, ou chez Rabelais, que l'Ingénu a lu ? Érotiques ou polissonnes (la distinction ne va pas de soi !), ces allusions répétées au désir sexuel sont-elles dénuées de portée philosophique dans un récit qui met en scène les rapports de la nature et de la convention, et dans un épisode qui voit l'Ingénu céder à Mlle de Saint-Yves, et pas à un évêque ?

L'ÉTRANGER CONTRE LES CHRÉTIENS

Le comique n'a jamais signifié inconsistance philosophique. Ces deux chapitres bombardent donc gaillardement la religion chrétienne, à partir d'une position que les philosophes des Lumières affectionnent : le point de vue d'un étranger sans préjugés mais non sans raison naturelle. Fiction littéraire, pour Voltaire, d'un homme de la nature, à laquelle il n'accorde guère de crédit anthropologique : en effet, il ne demande pas au lecteur de croire qu'il s'agit là d'une vérité historique. C'est la cible qui compte, plus que la source des coups. D'où des effets subtils, qui croisent les effets du comique, de la fiction et de la philosophie.

1. Que penser, par exemple, de la lecture que fait l'Ingénu de la Bible, lorsqu'il menace de s'en prendre à Caïphe et à Pilate ? (chap. III, paragr. 2-3). Se moque-t-on de l'ingénuité du Huron ? des chrétiens, qui lisent la Bible tantôt littéralement, tantôt symboliquement, à la fois comme livre de Dieu même, toujours vivant et actuel, et comme livre daté qu'on ne suit plus à la lettre ? Se moque-t-on des deux à la fois ?

Qui est le bon lecteur de la Bible : celui qui croit ce qu'il lit, tel l'Ingénu, ou son oncle qui croit sans croire et lit sans lire ? Au fond, l'Ingénu ne lit-il pas la Bible comme de vrais chrétiens devraient le faire, si c'était bien le livre de Dieu, mais comme il serait absurde de le faire, si c'était un livre d'hommes écrit il y a près de deux mille ans ?

Plus généralement, la méprise de l'Ingénu n'est-elle pas celle de tout lecteur de fiction, qui s'interroge sur la conduite des personnages ou voudrait punir le méchant ?

2. Sur quelle difficulté centrale du catholicisme l'Ingénu met-il aussitôt le doigt, faute d'avoir appris à croire pour toujours avant l'âge de raison ? En prétendant revenir à la lettre du texte sacré, par-dessus la Tradition des conciles et des papes, de quelle branche du christianisme l'Ingénu se rapproche-t-il sans le savoir ?

Le lecteur doit-il pour autant en conclure qu'il est plus raisonnable de se faire baptiser par circoncision et immersion en rivière, sous prétexte qu'un ancien livre le recommande ? Y a-t-il des indices internes au texte sur lesquels un lecteur à qui Voltaire serait inconnu pourrait s'appuyer pour deviner où l'auteur veut en venir ? (imaginons un Chinois lisant ce conte). Car enfin, l'auteur se moque-t-il de l'Ingénu, des théologiens, de la Bible, de la Tradition ultérieure qui interprète et transforme le livre divin, de la notion de livre dicté par Dieu, de la notion de rite, de la notion de Dieu, etc. ? Mettre la philosophie en récit, et surtout en récit comique, c'est peut-être la rendre difficilement contrôlable.

Chapitre V

L'Ingénu amoureux

Il faut avouer que depuis ce baptême et ce dîner, Mlle de Saint-Yves souhaita passionnément que monsieur l'évêque la fît encore participante de quelque beau sacrement avec M. Hercule l'Ingénu. Cependant, comme elle était bien élevée et fort
5 modeste[1], elle n'osait convenir tout à fait avec elle-même de ses tendres sentiments ; mais s'il lui échappait un regard, un mot, un geste, une pensée, elle enveloppait tout cela d'un voile de pudeur infiniment aimable. Elle était tendre, vive et sage.

Dès que monsieur l'évêque fut parti, l'Ingénu et Mlle de
10 Saint-Yves se rencontrèrent sans avoir fait réflexion qu'ils se cherchaient. Ils se parlèrent sans avoir imaginé ce qu'ils se diraient. L'Ingénu lui dit d'abord qu'il l'aimait de tout son cœur, et que la belle Abacaba, dont il avait été fou dans son pays, n'approchait pas d'elle. Mademoiselle lui répondit, avec sa
15 modestie ordinaire, qu'il fallait en parler au plus vite à monsieur le prieur son oncle et à mademoiselle sa tante, et que de son côté elle en dirait deux mots à son cher frère l'abbé de Saint-Yves, et qu'elle se flattait d'un consentement commun.

L'Ingénu lui répond qu'il n'avait besoin du consentement de
20 personne ; qu'il lui paraissait extrêmement ridicule d'aller demander à d'autres ce qu'on devait faire ; que, quand deux parties sont d'accord, on n'a pas besoin d'un tiers pour les accommoder. « Je ne consulte personne, dit-il, quand j'ai envie

---

1. *Modeste* : ici, pudique.

de déjeuner, ou de chasser, ou de dormir. Je sais bien qu'en
25 amour il n'est pas mal d'avoir le consentement de la personne à
qui on en veut ; mais, comme ce n'est ni de mon oncle ni de ma
tante que je suis amoureux, ce n'est pas à eux que je dois
m'adresser dans cette affaire ; et, si vous m'en croyez, vous vous
passerez aussi de M. l'abbé de Saint-Yves. »
30   On peut juger que la belle Bretonne employa toute la
délicatesse de son esprit à réduire[1] son Huron aux termes de la
bienséance. Elle se fâcha même, et bientôt se radoucit. Enfin on
ne sait comment aurait fini cette conversation, si, le jour
baissant, monsieur l'abbé n'avait ramené sa sœur à son abbaye.
35 L'Ingénu laissa coucher son oncle et sa tante, qui étaient un peu
fatigués de la cérémonie et de leur long dîner. Il passa une partie
de la nuit à faire des vers en langue huronne pour sa bien-aimée :
car il faut savoir qu'il n'y a aucun pays de la terre où l'amour n'ait
rendu les amants poètes.
40   Le lendemain, son oncle lui parla ainsi après le déjeuner, en
présence de Mlle Kerkabon, qui était tout attendrie : « Le ciel soit
loué de ce que vous avez l'honneur, mon cher neveu, d'être
chrétien et Bas-Breton ! mais cela ne suffit pas ; je suis un peu sur
l'âge ; mon frère n'a laissé qu'un petit coin de terre qui est très
45 peu de chose ; j'ai un bon prieuré : si vous voulez seulement
vous faire sous-diacre[2], comme je l'espère, je vous résignerai
mon prieuré, et vous vivrez fort à votre aise, après avoir été la
consolation de ma vieillesse. »
   L'Ingénu répondit : « Mon oncle, grand bien vous fasse ! vivez
50 tant que vous pourrez. Je ne sais pas ce que c'est que d'être
sous-diacre ni que de résigner ; mais tout me sera bon pourvu
que j'aie Mlle de Saint-Yves à ma disposition. — Eh, mon Dieu !

---

1. *Réduire* : soumettre, ramener.
2. *Sous-diacre* : premier des trois grands ordres conduisant à la prêtrise. Il
implique le célibat. À partir du règne de Louis XIV, un laïc n'a plus droit aux
bénéfices ecclésiastiques.

mon neveu, que me dites-vous là ? Vous aimez donc cette belle
demoiselle à la folie ? — Oui, mon oncle. — Hélas ! mon neveu,
55 il est impossible que vous l'épousiez. — Cela est très possible,
mon oncle ; car non seulement elle m'a serré la main en me
quittant, mais elle m'a promis qu'elle me demanderait en
mariage ; et assurément je l'épouserai. — Cela est impossible,
vous dis-je : elle est votre marraine ; c'est un péché
60 épouvantable à une marraine de serrer la main de son filleul ; il
n'est pas permis d'épouser sa marraine ; les lois divines et
humaines s'y opposent[1]. — Morbleu ! mon oncle, vous vous
moquez de moi ; pourquoi serait-il défendu d'épouser sa
marraine, quand elle est jeune et jolie ? Je n'ai point vu dans le
65 livre que vous m'avez donné qu'il fût mal d'épouser les filles qui
ont aidé les gens à être baptisés. Je m'aperçois tous les jours
qu'on fait ici une infinité de choses qui ne sont point dans votre
livre, et qu'on n'y fait rien de tout ce qu'il dit. Je vous avoue que
cela m'étonne et me fâche. Si on me prive de la belle Saint-Yves
70 sous prétexte de mon baptême, je vous avertis que je l'enlève et
que je me débaptise. »

Le prieur fut confondu ; sa sœur pleura. « Mon cher frère,
dit-elle, il ne faut pas que notre neveu se damne ; notre
saint-père le pape peut lui donner dispense, et alors il pourra
75 être chrétiennement heureux avec ce qu'il aime. » L'Ingénu
embrassa sa tante. « Quel est donc, dit-il, cet homme charmant
qui favorise avec tant de bonté les garçons et les filles dans leurs
amours ? Je veux lui aller parler tout à l'heure[2]. »

On lui expliqua ce que c'était que le pape, et l'Ingénu fut
80 encore plus étonné qu'auparavant. « Il n'y a pas un mot de tout
cela dans votre livre, mon cher oncle ; j'ai voyagé, je connais la

---

1. Il n'existait pas, sous l'Ancien Régime, de mariage uniquement civil.
L'interdiction catholique du mariage entre parrain/marraine et filleul(e) entraînait
donc une union illégale (sauf dispense payante).
2. *Tout à l'heure :* immédiatement.

mer ; nous sommes ici sur la côte de l'Océan, et je quitterais Mlle
de Saint-Yves pour aller demander la permission de l'aimer à un
homme qui demeure vers la Méditerranée, à quatre cents lieues
85 d'ici, et dont je n'entends point la langue ! Cela est d'un ridicule
incompréhensible ! Je vais sur-le-champ chez M. l'abbé de
Saint-Yves, qui ne demeure qu'à une lieue de vous, et je vous
réponds que j'épouserai ma maîtresse dans la journée. »

Comme il parlait encore, entra le bailli, qui, selon sa coutume,
90 lui demanda où il allait. « Je vais me marier », dit l'Ingénu en
courant ; et au bout d'un quart d'heure il était déjà chez sa belle
et chère Basse-Brette, qui dormait encore. « Ah ! mon frère,
disait Mlle de Kerkabon au prieur, jamais vous ne ferez un
sous-diacre de notre neveu. »

95 Le bailli fut très mécontent de ce voyage : car il prétendait que
son fils épousât la Saint-Yves ; et ce fils était encore plus sot et
plus insupportable que son père.

Chapitre VI

L'Ingénu court chez sa maîtresse, et devient furieux

À PEINE l'Ingénu était arrivé, qu'ayant demandé à une vieille servante où était la chambre de sa maîtresse, il avait poussé fortement la porte mal fermée et s'était élancé vers le lit. Mlle de Saint-Yves, se réveillant en sursaut, s'était écriée : « Quoi ! c'est
5 vous ! ah ! c'est vous ! arrêtez-vous, que faites-vous ? » Il avait répondu : « Je vous épouse » ; et en effet il l'épousait, si elle ne s'était pas débattue avec toute l'honnêteté[1] d'une personne qui a de l'éducation.

L'Ingénu n'entendait pas raillerie ; il trouvait toutes ces
10 façons-là extrêmement impertinentes. « Ce n'était pas ainsi qu'en usait Mlle Abacaba, ma première maîtresse ; vous n'avez point de probité[2], vous m'avez promis mariage, et vous ne voulez point faire mariage : c'est manquer aux premières lois de l'honneur ; je vous apprendrai à tenir votre parole, et je vous
15 remettrai dans le chemin de la vertu. »

L'Ingénu possédait une vertu mâle et intrépide, digne de son patron Hercule, dont on lui avait donné le nom à son baptême ; il allait l'exercer dans toute son étendue, lorsqu'aux cris perçants de la demoiselle plus discrètement vertueuse accourut le sage
20 abbé de Saint-Yves, avec sa gouvernante, un vieux domestique dévot et un prêtre de la paroisse. Cette vue modéra le courage de

---

1. *Honnêteté* : bienséance.
2. *Probité* : aptitude à remplir tous les devoirs envers autrui.

l'assaillant. « Eh, mon Dieu ! mon cher voisin, lui dit l'abbé, que faites-vous là ? — Mon devoir, répliqua le jeune homme ; je remplis mes promesses, qui sont sacrées. »

25 Mlle de Saint-Yves se rajusta en rougissant. On emmena l'Ingénu dans un autre appartement. L'abbé lui remontra l'énormité[1] du procédé[2]. L'Ingénu se défendit sur les privilèges[3] de la loi naturelle[4], qu'il connaissait parfaitement. L'abbé voulut prouver que la loi positive devait avoir tout l'avantage,
30 et que, sans les conventions faites entre les hommes, la loi de nature ne serait presque jamais qu'un brigandage naturel. « Il faut, lui disait-il, des notaires, des prêtres, des témoins, des contrats, des dispenses. » L'ingénu lui répondit par la réflexion que les sauvages ont toujours faite : « Vous êtes donc de
35 bien malhonnêtes gens, puisqu'il faut entre vous tant de précautions. »

L'abbé eut de la peine à résoudre cette difficulté. « Il y a, dit-il, je l'avoue, beaucoup d'inconstants et de fripons parmi nous, et il y en aurait autant chez les Hurons s'ils étaient rassemblés dans
40 une grande ville ; mais aussi il y a des âmes sages, honnêtes, éclairées, et ce sont ces hommes-là qui ont fait les lois. Plus on est homme de bien, plus on doit s'y soumettre ; on donne l'exemple aux vicieux, qui respectent un frein que la vertu s'est donné elle-même. »

45 Cette réponse frappa l'Ingénu. On a déjà remarqué qu'il avait

---

1. *Énormité* : qualité de ce qui sort des normes, des règles habituelles.
2. *Procédé* : action, manière d'agir.
3. *Privilèges* : avantages, droits.
4. Voltaire a évoqué, page 59 lignes 61-62, les « lois divines et humaines », c'est-à-dire les lois édictées par Dieu (dans les livres dits « sacrés ») et par les hommes (dans les codes). La loi naturelle relève, elle, du droit naturel, supposé universel, antérieur et supérieur aux lois conventionnelles propres à chaque société et chaque époque. C'est ainsi que, de nos jours, on tente de définir des droits de l'homme, qu'on voudrait universels et supérieurs aux lois et traditions nationales.

l'esprit juste. On l'adoucit par des paroles flatteuses ; on lui donna des espérances : ce sont les deux pièges où les hommes des deux hémisphères se prennent ; on lui présenta même Mlle de Saint-Yves, quand elle eut fait sa toilette. Tout se passa avec
50 la plus grande bienséance. Mais, malgré cette décence, les yeux étincelants de l'Ingénu Hercule firent toujours baisser ceux de sa maîtresse, et trembler la compagnie.

On eut une peine extrême à le renvoyer chez ses parents. Il fallut encore employer le crédit de la belle Saint-Yves ; plus elle
55 sentait son pouvoir sur lui, et plus elle l'aimait. Elle le fit partir, et en fut très affligée ; enfin, quand il fut parti, l'abbé, qui non seulement était le frère très aîné de Mlle de Saint-Yves, mais qui était aussi son tuteur, prit le parti de soustraire sa pupille aux empressements de cet amant redoutable. Il alla consulter le
60 bailli, qui, destinant toujours son fils à la sœur de l'abbé, lui conseilla de mettre la pauvre fille dans une communauté[1]. Ce fut un coup terrible : une indifférente qu'on mettrait au couvent jetterait les hauts cris ; mais une amante, et une amante aussi sage que tendre, c'était de quoi la mettre au désespoir.

65 L'Ingénu, de retour chez le prieur, raconta tout avec sa naïveté ordinaire. Il essuya les mêmes remontrances, qui firent quelque effet sur son esprit, et aucun sur ses sens ; mais le lendemain, quand il voulut retourner chez sa belle maîtresse pour raisonner avec elle sur la loi naturelle et sur la loi de convention, monsieur
70 le bailli lui apprit avec une joie insultante qu'elle était dans un couvent. « Eh bien ! dit-il, j'irai raisonner dans ce couvent.

— Cela ne se peut », dit le bailli. Il lui expliqua fort au long ce que c'était qu'un couvent ou un convent ; que ce mot venait du latin *conventus,* qui signifie assemblée ; et le Huron ne pouvait

la puissance

---

1. Mlle de Saint-Yves, orpheline, est sous la tutelle juridique de son frère, qui a le droit de la mettre en pension dans une communauté religieuse (un couvent), mais pas celui de l'obliger à prononcer des vœux monastiques, alors irrévocables.

75 comprendre pourquoi il ne pouvait pas être admis dans
l'assemblée. Sitôt qu'il fut instruit que cette assemblée était une
espèce de prison où l'on tenait les filles renfermées, chose
horrible, inconnue chez les Hurons et chez les Anglais[1], il devint
aussi furieux que le fut son patron Hercule lorsque Euryte, roi
80 d'Œchalie, non moins cruel que l'abbé de Saint-Yves, lui refusa
la belle Iole[2] sa fille, non moins belle que la sœur de l'abbé. Il
voulait aller mettre le feu au couvent, enlever sa maîtresse, ou se
brûler avec elle. Mlle de Kerkabon, épouvantée, renonçait plus
que jamais à toutes les espérances de voir son neveu sous-diacre,
85 et disait en pleurant qu'il avait le diable au corps depuis qu'il
était baptisé.

---

1. Les protestants, imités pour d'autres raisons par les philosophes des
Lumières, condamnent les ordres monastiques, qui seront supprimés par la
Révolution française.
2. *Iole* : le roi Euryte, son père, avait promis sa fille à qui le vaincrait. Battu et
reniant ses engagements, il fut tué par Hercule, qui enleva Iole.

Chapitres V et VI

DU BAPTÊME AU MARIAGE

1. Aux deux chapitres sur le baptême succèdent deux chapitres sur le mariage. Passe-t-on pour autant du domaine de la foi au monde profane, du droit canon (édicté par l'Église) au droit civil (édicté par l'État) ? Pour quelle raison historique fondamentale — qui ne disparut en France qu'avec la Révolution française — le mariage de l'Ingénu se heurte-t-il à un obstacle à la fois religieux et légal ?

2. Cet obstacle pourrait faire l'objet d'une triple critique : l'une portant sur la légitimité théologique de l'interdit religieux en question ; l'autre mettant en cause la confusion du droit civil et du droit religieux dans l'institution du mariage, considéré comme un fondement essentiel de l'ordre social qu'il revient à l'autorité politique, et non religieuse, de réguler ; la troisième, plus radicale, consisterait à interroger la légitimité conventionnelle du mariage (que chaque société organise à sa façon) au regard de la nature, de la simplicité des rapports naturels propres, paraît-il, aux peuples dits « primitifs ». Il ne s'agirait plus alors, dans cette dernière perspective, du rapport entre institution sociale et religion(s), mais entre loi de convention et loi naturelle.
On pourrait donc interroger, dans un mouvement de plus en plus radical, le rapport entre religion et droit canon, entre religion et société, entre société et nature. Le texte laisse-t-il, sous quelle forme et selon quelle éventuelle hiérarchie, s'exprimer ces trois grandes positions philosophiques (pureté de la religion, pureté du social, pureté de la nature) ? Laquelle des options retenues par le romancier vous paraît-elle le mieux inspirer sa verve comique et poser les problèmes philosophiques les plus intéressants ?

3. À quelle occasion, au cours du chapitre VI, voit-on pointer un ton sérieux, qui permet à l'auteur d'apporter de façon manifeste son appui, sur un point crucial, à un personnage, devenu ainsi porte-parole de sa pensée ? L'enjeu philosophique devient soudain si brûlant qu'il rend insupportable le jeu de massacre des idées par l'ironie appelant une mise en garde du lecteur contre les séductions de l'ingénuité naturelle et du retour aux origines, d'abord, contre la critique radicale de la civilisation par la nature, ensuite.
Est-on alors en droit de supposer que l'ingénuité du héros sert la causticité (voir p. 192) critique du romancier-philosophe et l'inquiète ? Qu'elle l'inquiète d'autant plus qu'un certain Jean-Jacques Rousseau est passé par là, avec lequel Voltaire, qui l'interprète à sa façon comme un dangereux anarchiste, un ennemi du progrès, n'est pas du tout d'accord ?

Chapitre VII

L'Ingénu repousse les Anglais

L'Ingénu, plongé dans une sombre et profonde mélancolie, se promena vers le bord de la mer, son fusil à deux coups sur l'épaule, son grand coutelas au côté, tirant de temps en temps sur quelques oiseaux, et souvent tenté de tirer sur lui-même ; mais il
5 aimait encore la vie, à cause de Mlle de Saint-Yves. Tantôt il maudissait son oncle, sa tante, et toute la Basse-Bretagne, et son baptême ; tantôt il les bénissait puisqu'ils lui avaient fait connaître celle qu'il aimait. Il prenait sa résolution d'aller brûler le couvent, et il s'arrêtait tout court, de peur de brûler sa
10 maîtresse. Les flots de la Manche ne sont pas plus agités par les vents d'est et d'ouest que son cœur l'était par tant de mouvements contraires.

Il marchait à grands pas, sans savoir où, lorsqu'il entendit le son du tambour. Il vit de loin tout un peuple[1] dont une moitié
15 courait au rivage, et l'autre s'enfuyait.

Mille cris s'élèvent de tous côtés ; la curiosité et le courage le précipitent à l'instant vers l'endroit d'où partaient ces clameurs ; il y vole en quatre bonds. Le commandant de la milice[2], qui avait soupé avec lui chez le prieur, le reconnut aussitôt ; il court à lui,
20 les bras ouverts : « Ah ! c'est l'Ingénu, il combattra pour nous. » Et les milices, qui mouraient de peur, se rassurèrent et crièrent aussi : « C'est l'Ingénu ! c'est l'Ingénu ! »

---

1. *Peuple :* foule.
2. *Milice :* troupe, composée de bourgeois et de paysans, levée par tirage au sort.

« Messieurs, dit-il, de quoi s'agit-il ? Pourquoi êtes-vous si effarés ? A-t-on mis vos maîtresses dans des couvents ? » Alors
25 cent voix confuses s'écrient : « Ne voyez-vous pas les Anglais qui abordent[1] ? — Eh bien ! répliqua le Huron, ce sont de braves gens ; ils ne m'ont jamais proposé de me faire sous-diacre ; ils ne m'ont point enlevé ma maîtresse. »

Le commandant lui fit entendre que les Anglais venaient piller
30 l'abbaye de la Montagne, boire le vin de son oncle, et peut-être enlever Mlle de Saint-Yves ; que le petit vaisseau sur lequel il avait abordé en Bretagne n'était venu que pour reconnaître la côte ; qu'ils faisaient des actes d'hostilité sans avoir déclaré la guerre au roi de France, et que la province était exposée. « Ah ! si
35 cela est, ils violent la loi naturelle ; laissez-moi faire ; j'ai demeuré longtemps parmi eux, je sais leur langue, je leur parlerai ; je ne crois pas qu'ils puissent avoir un si méchant dessein. »

Pendant cette conversation, l'escadre anglaise approchait ;
40 voilà le Huron qui court vers elle, se jette dans un petit bateau, arrive, monte au vaisseau amiral, et demande s'il est vrai qu'ils viennent ravager le pays sans avoir déclaré la guerre honnêtement. L'amiral et tout son bord[2] firent de grands éclats de rire, lui firent boire du punch, et le renvoyèrent.

45 L'Ingénu, piqué, ne songea plus qu'à se bien battre contre ses anciens amis, pour ses compatriotes et pour monsieur le prieur. Les gentilshommes du voisinage accouraient de toutes parts : il se joint à eux ; on avait quelques canons ; il les charge, il les pointe, il les tire l'un après l'autre. Les Anglais débarquent ; il
50 court à eux, il en tue trois de sa main, il blesse même l'amiral qui

1. Voltaire mêle l'histoire de 1689 — où la France tente de replacer Jacques II sur le trône que la seconde révolution anglaise vient de lui ôter — et celle de la récente guerre de Sept Ans (1756-1763) : en 1758, la noblesse et les milices avaient comme ici fait échouer un débarquement anglais près de Saint-Malo.
2. *Bord* : dans le langage familier, être du bord de quelqu'un signifie être de son avis, de son parti. Mais bord signifie ici, sans doute, tout l'équipage.

s'était moqué de lui. Sa valeur anime le courage de toute la
milice ; les Anglais se rembarquent, et toute la côte retentissait
des cris de victoire : « Vive le roi ! vive l'Ingénu ! » Chacun
l'embrassait, chacun s'empressait d'étancher le sang de quelques
55 blessures légères qu'il avait reçues. « Ah ! disait-il, si Mlle de
Saint-Yves était là, elle me mettrait une compresse. »

Le bailli, qui s'était caché dans sa cave pendant le combat, vint
lui faire compliment comme les autres. Mais il fut bien surpris
quand il entendit Hercule l'Ingénu dire à une douzaine de jeunes
60 gens de bonne volonté, dont il était entouré : « Mes amis, ce n'est
rien d'avoir délivré l'abbaye de la Montagne ; il faut délivrer une
fille. » Toute cette bouillante jeunesse prit feu à ces seules
paroles. On le suivait déjà en foule, on courait au couvent. Si le
bailli n'avait pas sur-le-champ averti le commandant, si on
65 n'avait pas couru après la troupe joyeuse, c'en était fait. On
ramena l'Ingénu chez son oncle et sa tante, qui le baignèrent de
larmes de joie et de tendresse.

« Je vois bien que vous ne serez jamais ni sous-diacre, ni
prieur, lui dit l'oncle ; vous serez un officier encore plus brave
70 que mon frère le capitaine, et probablement aussi gueux[1]. » Et
Mlle de Kerkabon pleurait toujours en l'embrassant, et en
disant : « Il se fera tuer comme mon frère ; il vaudrait bien mieux
qu'il fût sous-diacre. »

L'Ingénu, dans le combat, avait ramassé une grosse bourse
75 remplie de guinées[2], que probablement l'amiral avait laissé
tomber. Il ne douta pas qu'avec cette bourse il ne pût acheter
toute la Basse-Bretagne, et surtout faire Mlle de Saint-Yves
grande dame. Chacun l'exhorta de faire le voyage de Versailles,
pour y recevoir le prix de ses services. Le commandant, les
80 principaux officiers, le comblèrent de certificats[3]. L'oncle et la

---

1. *Gueux :* pauvre (péjoratif).
2. *Guinées :* monnaie anglaise.
3. *Certificats :* attestations écrites de ses exploits.

tante approuvèrent le voyage du neveu. Il devait être, sans
difficulté, présenté au roi : cela seul lui donnerait un prodigieux
relief[1] dans la province. Ces deux bonnes gens ajoutèrent à la
bourse anglaise un présent considérable de leurs épargnes.
85 L'Ingénu disait en lui-même : « Quand je verrai le roi, je lui
demanderai Mlle de Saint-Yves en mariage, et certainement il ne
me refusera pas. » Il partit donc aux acclamations de tout le
canton, étouffé d'embrassements, baigné des larmes de sa tante,
béni par son oncle, et se recommandant à la belle Saint-Yves.

---

1. *Relief :* prestige.

Chapitre VII

HÉROÏSME ET COMIQUE

1. On aurait tort de sauter ce superbe morceau, sous prétexte qu'il fait plus de place à l'action qu'aux idées. Il permet de saisir sur le vif l'art du romancier quand il est au mieux de sa forme.

La bataille relevait classiquement du genre épique (voir p. 193) et du genre historique. Voltaire les a pratiqués tous deux : *la Henriade*, 1728, épopée en vers qui chante les exploits et la tolérance d'Henri IV ; *Histoire de Charles XII, roi de Suède*, 1731, etc. Poète officiel de la cour de Louis XV, il a célébré en vers héroïques la victoire de Fontenoy contre les Anglais (1745), particulièrement sanglante. Il n'est pas inutile non plus de savoir qu'il admirait passionnément, du poète italien l'Arioste (1474-1533), l'épopée *Roland furieux*, dont le héros, comme l'Ingénu ou Zadig, conjugue passion amoureuse et bravoure guerrière. Faut-il voir dans ce chapitre, comme on l'a prétendu, une parodie (voir p. 194) du genre héroïque, une scène burlesque (voir p. 192) ? ou l'art plus subtil et plus difficile de lier héroïque et comique, sans sacrifier l'un à l'autre ?

2. La parodie, genre florissant dans le théâtre du xviiie siècle (à la grande rage de Voltaire, auteur tragique), comme actuellement à la télévision, consiste à imiter pour ridiculiser. Il est possible que Voltaire songe à l'Arioste ou à *l'Iliade* d'Homère, quand l'Ingénu vole au secours des Bretons, au lieu de se retirer, tel Achille injustement privé de Briséis, sous sa tente.

En fait, la seule allusion à peu près certaine concerne Rabelais (« les Anglais venaient piller l'abbaye de la Montagne, boire le vin de son oncle », l. 29-30). Mais va-t-on prétendre que Voltaire parodie... Rabelais ? Tout au contraire, ne ferait-il pas cette allusion à la célèbre bataille de frère Jean des Entommeures pour donner le contre-exemple d'un récit comique épuré, de bon goût, débarrassé des obscénités et des énormités burlesques qu'il a toujours reprochées à Rabelais ?

La comparaison permettrait d'examiner si Voltaire rend trivial, ridicule, l'héroïsme militaire de son personnage (l. 45 à 56) : outre-t-il de façon burlesque les exploits de l'Ingénu ? Y cultive-t-il le détail incongru, grotesque, dévalorisant, etc. ? Même la comparaison poétique de la fin du premier paragraphe, qui renvoie manifestement au style du genre épique ou au style poétique des peuples supposés proches de la nature (voir la description de Mlle Abacaba, chap. premier), n'est pas franchement burlesque, tant s'en faut : pourquoi ? Quant à l'hyperbole (voir p. 194), figure rhétorique attendue dans une parodie de l'épopée, y en a-t-il beaucoup d'exemples, et de quelle tonalité ?

Dans ces conditions, les traits qui animent et accélèrent la narration — temps, parataxes, récit / discours, abondance des verbes d'action, etc. (voir « Petit Dictionnaire », p. 192) — et qu'on retrouve dans les récits historiques sérieux de Voltaire, permettent-ils par eux-mêmes de conclure à une orientation parodique et burlesque ? Justifiez votre réponse.

Mieux vaut alors sans doute parler de récit qui, tel le fusil à deux coups de l'Ingénu, juxtapose ou fond ensemble deux tonalités, comme la musique de Mozart saura sous peu si bien le faire. Ce comique n'épargne pas l'Ingénu, sans pourtant le dégrader, le ridiculiser grotesquement : pourquoi ? Qu'y a-t-il de sympathique et peut-être même de touchant dans son ingénuité comique, et en quoi celle-ci consiste-t-elle exactement au fil de ses diverses manifestations ?

Chapitre VIII

L'Ingénu va en cour.
Il soupe en chemin avec des huguenots

L'Ingénu prit le chemin de Saumur par le coche[1], parce qu'il n'y avait point alors d'autre commodité. Quand il fut à Saumur, il s'étonna de trouver la ville presque déserte, et de voir plusieurs familles qui déménageaient. On lui dit que, six ans auparavant,
5 Saumur contenait plus de quinze mille âmes, et qu'à présent il n'y en avait pas six mille[2]. Il ne manqua pas d'en parler à souper dans son hôtellerie. Plusieurs protestants étaient à table : les uns se plaignaient amèrement, d'autres frémissaient de colère, d'autres disaient en pleurant : *Nos dulcia linquimus arva, nos*
10 *patriam fugimus*[3]. L'Ingénu, qui ne savait pas le latin, se fit expliquer ces paroles, qui signifient : « Nous abandonnons nos douces campagnes, nous fuyons notre patrie. »

« Et pourquoi fuyez-vous votre patrie, messieurs ? — C'est qu'on veut que nous reconnaissions le pape. — Et pourquoi ne le
15 reconnaîtriez-vous pas ? Vous n'avez donc point de marraines que vous vouliez épouser ? car on m'a dit que c'était lui qui en donnait la permission. — Ah ! monsieur, ce pape dit qu'il est le maître du domaine des rois ! — Mais, messieurs, de quelle profession êtes-vous ? — Monsieur, nous sommes pour la

---

1. *Coche* : voiture de transport, remplacée par la diligence.
2. Haut lieu de la culture protestante, Saumur avait été ruiné par la révocation de l'édit de Nantes (1685), qui privait les protestants du droit d'exercer et d'enseigner leur culte.
3. Vers des *Bucoliques,* du poète latin Virgile.

20 plupart des drapiers et des fabricants. — Si votre pape dit qu'il
est le maître de vos draps et de vos fabriques, vous faites très
bien de ne le pas reconnaître ; mais pour les rois, c'est leur
affaire : de quoi vous mêlez-vous ?[1] » Alors un petit homme
noir[2] prit la parole, et exposa très savamment les griefs de la
25 compagnie. Il parla de la révocation de l'édit de Nantes[3]
avec tant d'énergie, il déplora d'une manière si pathétique
le sort de cinquante mille familles fugitives et de cinquante
mille autres converties par les dragons[4], que l'Ingénu à son tour
versa des larmes. « D'où vient donc, disait-il, qu'un si grand roi,
30 dont la gloire s'étend jusque chez les Hurons, se prive ainsi de
tant de cœurs qui l'auraient aimé, et de tant de bras qui l'auraient
servi ?

— C'est qu'on l'a trompé comme les autres grands rois,
répondit l'homme noir. On lui a fait croire que, dès qu'il aurait
35 dit un mot, tous les hommes penseraient comme lui, et qu'il
nous ferait changer de religion, comme son musicien Lulli[5] fait
changer en un moment les décorations de ses opéras. Non
seulement il perd déjà cinq à six cent mille sujets très utiles, mais
il s'en fait des ennemis ; et le roi Guillaume[6], qui est
40 actuellement maître de l'Angleterre, a composé plusieurs
régiments de ces mêmes Français qui auraient combattu pour
leur monarque.

---

1. On attribue cette réponse au poète et philosophe Fontenelle (1657-1757).
2. Un pasteur.
3. *Édit de Nantes :* édit d'Henri IV, destiné à mettre fin aux guerres de Religion entre catholiques et protestants, en assurant à ces derniers la liberté du culte.
4. *Dragons :* troupes royales chargées d'intimider les protestants récalcitrants en logeant chez eux, et qui se rendirent tristement célèbres par leurs brutalités *(dragonnades).*
5. *Lulli :* musicien italien (1632-1687), qui fit une brillante carrière à la cour de Louis XIV, et considéré comme le fondateur de l'opéra français.
6. *Guillaume :* Guillaume III (1650-1702), roi de Hollande, adversaire acharné de Louis XIV, devenu roi d'Angleterre grâce à la *Glorious Revolution* de 1688.

Un tel désastre est d'autant plus étonnant que le pape régnant[1], à qui Louis XIV sacrifie une partie de son peuple, est
45 son ennemi déclaré. Ils ont encore tous deux, depuis neuf ans, une querelle violente[2]. Elle a été poussée si loin que la France a espéré enfin de voir briser le joug qui la soumet depuis tant de siècles à cet étranger, et surtout de ne lui plus donner d'argent, ce qui est le premier mobile des affaires de ce monde. Il paraît donc
50 évident qu'on a trompé ce grand roi sur ses intérêts comme sur l'étendue de son pouvoir, et qu'on a donné atteinte à la magnanimité de son cœur. »

L'Ingénu, attendri de plus en plus, demanda quels étaient les Français qui trompaient ainsi un monarque si cher aux Hurons.
55 « Ce sont les jésuites, lui répondit-on ; c'est surtout le père de La Chaise[3], confesseur de Sa Majesté. Il faut espérer que Dieu les en punira un jour, et qu'ils seront chassés comme ils nous chassent[4]. Y a-t-il un malheur égal aux nôtres ? Mons de Louvois[5] nous envoie de tous côtés des jésuites et des
60 dragons.

— Oh bien ! messieurs, répliqua l'Ingénu, qui ne pouvait plus se contenir, je vais à Versailles recevoir la récompense due à mes services ; je parlerai à ce mons de Louvois : on m'a dit que c'est lui qui fait la guerre, de son cabinet. Je verrai le roi, je lui ferai
65 connaître la vérité ; il est impossible qu'on ne se rende pas à cette

---

1. *Le pape régnant :* Innocent XI, pape de 1676 à 1689.
2. Innocent XI et Louis XIV s'étaient violemment opposés à propos de leurs droits respectifs sur les charges ecclésiastiques vacantes (affaire dite « de la Régale », qui mettait en jeu les libertés gallicanes).
3. *Le père de La Chaise :* confesseur jésuite (1624-1709) de Louis XIV, auquel on attribuait une grande influence sur le roi et un rôle décisif — aujourd'hui contesté — sur la révocation de l'édit de Nantes.
4. Prophétie a posteriori, puisque l'ordre des Jésuites venait tout juste d'être dissous en 1764.
5. *Mons de Louvois :* abréviation de Monsieur, parfois méprisante ; mais pas ici, où la formule abrège en réalité Monseigneur (Mgr). Louvois (1641-1691) était un célèbre ministre de Louis XIV, dont on dénonçait l'orgueil et la brutalité.

vérité quand on la sent. Je reviendrai bientôt pour épouser Mlle de Saint-Yves, et je vous prie à la noce. » Ces bonnes gens le prirent alors pour un grand seigneur qui voyageait *incognito* par le coche. Quelques-uns le prirent pour le fou du roi[1].

70 Il y avait à table un jésuite déguisé qui servait d'espion au révérend père de La Chaise. Il lui rendait compte de tout, et le père de La Chaise en instruisait mons de Louvois. L'espion écrivit. L'Ingénu et la lettre arrivèrent presque en même temps à Versailles.

1. *Fou du roi :* une tradition médiévale en voie d'extinction au XVIIe siècle confiait à un fou, ou bouffon, du roi le soin lucratif et parfois dangereux de faire un contrepoint grotesque à l'exercice sacré du pouvoir, en lui accordant le droit de tout dire. Les grands seigneurs, et même de riches prélats avaient longtemps entretenu des fous.

Chapitre VIII

POLITIQUE ET RELIGION

1. Expulsé de son beau château westphalien, Candide rencontrait aussitôt la guerre, dont il fuyait les horreurs en Hollande. Dans l'*Ingénu,* la guerre lance aussi le héros sur les chemins ; mais les différences ne l'emportent-elles pas sur cette analogie, sans doute plus séduisante que significative ? Quelle est la fonction essentielle de la bataille dans l'économie narrative de l'*Ingénu* ? Serait-il légitime d'avancer que la calamité de la guerre, primordiale dans l'économie de *Candide*, s'efface ici devant un autre malheur, mieux en prise sur les chapitres antérieurs ?

2. L'Ingénu et le lecteur ont déjà rencontré abus et absurdités : qu'est-ce qui fait pourtant la spécificité du chapitre VIII par rapport aux précédents ? Pour quelle(s) raison(s) littéraire(s), c'est-à-dire formelles, liées non pas aux sentiments et opinions de l'écrivain, mais à ses choix d'écriture, le chapitre consacré aux malheurs des protestants, s'il attendrit l'Ingénu, ne peut-il produire sur le lecteur un effet de choc inoubliable ? Au fond, la réponse n'est-elle pas suggérée dès la deuxième phrase du titre ?

Peut-on aller plus loin et se demander si le chapitre ne perd pas en force dramatique ce qu'il gagne en finesse d'analyse, en précision historique, bref, en valeur argumentative ? Cela a-t-il des retombées sur le traitement littéraire du pasteur en tant que personnage ? Le romancier cherche-t-il à le caractériser, comme il l'a fait pour d'autres personnages antérieurs ? La fonction romanesque de l'Ingénu dans ce chapitre s'en trouve-t-elle également modifiée ?

3. La réplique de l'Ingénu (« mais pour les rois, c'est leur affaire ; de quoi vous mêlez-vous ? ») vous paraît-elle tout à fait vraisemblable dans la bouche d'un Huron, et d'un Huron un peu au fait des choses anglaises ? Quel est l'enjeu politique et argumentatif, relevant d'une rhétorique (voir p. 195) de la persuasion du lecteur, qui pousserait alors Voltaire à introduire ainsi la discussion ?

4. Les faiblesses de Louis XIV sont-elles imputables à l'homme ou au régime ? Les critiques que le pasteur adresse à Louis XIV vous paraissent-elles compatibles ou pas avec la monarchie ? En chargeant les jésuites, le texte cherche-t-il seulement à dévier les coups sur des cibles faciles, ou met-il aussi en avant une idée politique essentielle qui survit à leur expulsion ? Peut-on, de ce chapitre, déduire l'idée que l'auteur se ferait d'un bon régime politique ? Ce régime est-il lié nécessairement à une forme précise (républicaine, monarchique, etc.) ?

Chapitre IX

Arrivée de l'Ingénu à Versailles.
Sa réception à la cour

L'Ingénu débarque en pot de chambre[1] dans la cour des cuisines[2]. Il demande aux porteurs de chaise à quelle heure on peut voir le roi. Les porteurs lui rient au nez, tout comme avait fait l'amiral anglais. Il les traita de même, il les battit ; ils
5 voulurent le lui rendre, et la scène allait être sanglante s'il n'eût passé un garde du corps[3], gentilhomme breton, qui écarta la canaille. « Monsieur, lui dit le voyageur, vous me paraissez un brave homme ; je suis le neveu de M. le prieur de Notre-Dame de la Montagne ; j'ai tué des Anglais, je viens parler au roi : je
10 vous prie de me mener dans sa chambre. » Le garde, ravi de trouver un brave de sa province, qui ne paraissait pas au fait des usages de la cour, lui apprit qu'on ne parlait pas ainsi au roi, et qu'il fallait être présenté par Mgr de Louvois. « Eh bien ! menez-moi donc chez ce Mgr de Louvois, qui sans doute me
15 conduira chez Sa Majesté. — Il est encore plus difficile, répliqua le garde, de parler à Mgr de Louvois qu'à Sa Majesté. Mais je vais vous conduire chez M. Alexandre[4], le premier commis de la

---

1. *Pot de chambre :* « C'est une voiture de Paris à Versailles, laquelle ressemble à un petit tombereau couvert » (note de Voltaire).
2. *Cour des cuisines :* sans doute la cour dite « de la Bouche » ou « des Offices », à Versailles.
3. *Garde du corps :* membre d'une troupe de cavaliers nobles chargés de protéger le roi.
4. *M. Alexandre :* il a réellement existé. Le premier commis de la guerre occupait un poste important au ministère de la Guerre.

guerre : c'est comme si vous parliez au ministre. » Ils vont donc
chez ce M. Alexandre, premier commis, et ils ne purent être
20 introduits ; il était en affaire avec une dame de la cour, et il y
avait ordre de ne laisser entrer personne. « Eh bien ! dit le garde,
il n'y a rien de perdu ; allons chez le premier commis de
M. Alexandre : c'est comme si vous parliez à M. Alexandre
lui-même. »

25   Le Huron, tout étonné, le suit ; ils restent ensemble une
demi-heure dans une petite antichambre. « Qu'est-ce donc que
tout ceci ? dit l'Ingénu ; est-ce que tout le monde est invisible
dans ce pays-ci ? Il est bien plus aisé de se battre en
Basse-Bretagne contre les Anglais que de rencontrer à Versailles
30 les gens à qui on a affaire. » Il se désennuya en racontant ses
amours à son compatriote. Mais l'heure en sonnant rappela le
garde du corps à son poste. Ils se promirent de se revoir le
lendemain ; et l'Ingénu resta encore une autre demi-heure dans
l'antichambre, en rêvant à Mlle de Saint-Yves, et à la difficulté
35 de parler aux rois et aux premiers commis.

Enfin le patron[1] parut. « Monsieur, lui dit l'Ingénu, si j'avais
attendu pour repousser les Anglais aussi longtemps que vous
m'avez fait attendre mon audience, ils ravageraient actuellement
la Basse-Bretagne tout à leur aise. » Ces paroles frappèrent le
40 commis. Il dit enfin au Breton : « Que demandez-vous ? —
Récompense, dit l'autre ; voici les titres. » Il lui étala tous ses
certificats. Le commis lut, et lui dit que probablement on lui
accorderait la permission d'acheter une lieutenance[2]. « Moi ! que
je donne de l'argent pour avoir repoussé les Anglais ! que je paye
45 le droit de me faire tuer pour vous, pendant que vous donnez ici

---

1. *Patron* : chez les Romains, le patron à l'égard de l'esclave affranchi, le
protecteur à l'égard des « clients » ; employé ici au sens de personnage
important et protecteur.
2. Sous l'Ancien Régime, on achetait des charges militaires, comme bien
d'autres offices (justice, fiscalité, etc.). Il en va de même aujourd'hui pour les
charges de notaire.

vos audiences tranquillement ? Je crois que vous voulez rire. Je
veux une compagnie de cavalerie pour rien. Je veux que le roi
fasse sortir Mlle de Saint-Yves du couvent, et qu'il me la donne
par mariage. Je veux parler au roi en faveur de cinquante mille
50 familles que je prétends lui rendre. En un mot, je veux être utile :
qu'on m'emploie et qu'on m'avance.

— Comment vous nommez-vous, monsieur, qui parlez si
haut ? — Oh ! oh ! reprit l'Ingénu, vous n'avez donc pas lu mes
certificats ? C'est donc ainsi qu'on en use ? Je m'appelle Hercule
55 de Kerkabon ; je suis baptisé, je loge au Cadran bleu[1], et je me
plaindrai de vous au roi. » Le commis conclut, comme les gens de
Saumur, qu'il n'avait pas la tête bien saine, et n'y fit pas grande
attention.

Ce même jour, le révérend père de La Chaise, confesseur de
60 Louis XIV, avait reçu la lettre de son espion, qui accusait le
Breton Kerkabon de favoriser dans son cœur les huguenots, et de
condamner la conduite des jésuites. M. de Louvois, de son côté,
avait reçu une lettre de l'interrogant bailli, qui dépeignait
l'Ingénu comme un garnement qui voulait brûler les couvents et
65 enlever les filles.

L'Ingénu, après s'être promené dans les jardins de Versailles,
où il s'ennuya, après avoir soupé en Huron et en Bas-Breton,
s'était couché dans la douce espérance de voir le roi le
lendemain, d'obtenir Mlle de Saint-Yves en mariage, d'avoir au
70 moins une compagnie de cavalerie, et de faire cesser la
persécution contre les huguenots. Il se berçait de ces flatteuses
idées, quand une maréchaussée entra dans sa chambre. Elle se
saisit d'abord de son fusil à deux coups et de son grand sabre.

On fit un inventaire de son argent comptant, et on le mena
75 dans le château que fit construire le roi Charles V, fils de Jean II,
auprès de la rue Saint-Antoine, à la porte des Tournelles[2].

---

1. *Cadran bleu* : auberge dont l'existence est attestée.
2. *Tournelles* : il s'agit de la prison de la Bastille, détruite en 1789.

Quel était en chemin l'étonnement de l'Ingénu, je vous le laisse à penser. Il crut d'abord que c'était un rêve. Il resta dans l'engourdissement ; puis tout à coup, transporté d'une fureur qui
80 redoublait ses forces, il prend à la gorge deux de ses conducteurs qui étaient avec lui dans le carrosse, les jette par la portière, se jette après eux, et entraîne le troisième, qui voulait le retenir. Il tombe de l'effort, on le lie, on le remonte dans la voiture. « Voilà donc, disait-il, ce que l'on gagne à chasser les Anglais de la
85 Basse-Bretagne ! Que dirais-tu, belle Saint-Yves, si tu me voyais dans cet état ? »

On arrive enfin au gîte qui lui était destiné. On le porte en silence dans la chambre où il devait être enfermé, comme un mort qu'on porte dans un cimetière. Cette chambre était déjà
90 occupée par un vieux solitaire de Port-Royal[1], nommé Gordon[2], qui y languissait depuis deux ans[3]. « Tenez, lui dit le chef des sbires[4], voilà de la compagnie que je vous amène » ; et sur-le-champ on referma les énormes verrous de la porte épaisse, revêtue de larges barres. Les deux captifs restèrent
95 séparés de l'univers entier.

---

1. On appelle « solitaires (ou messieurs) de Port-Royal » des chrétiens savants et austères qui s'étaient retirés près de l'abbaye féminine de Port-Royal, dans la vallée de Chevreuse, haut lieu du jansénisme. Louis XIV fit détruire l'abbaye en 1712.
2. *Gordon* : Voltaire songe peut-être à Thomas Gordon, pasteur anglais mort en 1750, farouche adversaire de l'intolérance.
3. Les persécutions antijansénistes avaient repris en 1787.
4. *Sbires* : policiers chargés d'exécuter les sentences judiciaires.

Chapitre IX

DE LA SATIRE AU DRAME

1. L'Ingénu a jusqu'ici rencontré des rites religieux et des convenances. À quoi se heurte-t-il maintenant dans la première partie du chapitre ? Quels phénomènes sociaux, notés par bien d'autres témoins du règne de Louis XIV (par exemple, le duc de Saint-Simon, dans ses *Mémoires*), se trouvent alertement évoqués ? Mais, en rendant la mécanique sociale comiquement absurde (comment ?), la narration contraint-elle le lecteur à adhérer entièrement au discours véhément de l'Ingénu devant le premier commis ? Cette distance existait-elle dans le chapitre précédent ?

Faut-il comprendre que si toute absurdité est bonne à dire, toutes n'appellent pas forcément réforme ou abolition immédiate ? et que donc le lecteur peut — ou pouvait — s'amuser également des coutumes qui exaspèrent l'Ingénu, sans les trouver, à la réflexion, toutes aussi absurdes ou insupportables ? On trouverait la même difficulté dans les *Lettres persanes*, de Montesquieu, à déduire de la satire (voir p. 195) des suggestions précises de réformes. Le lecteur doit apprendre à jouir de l'esprit comique sans prétendre à toute force le traduire constamment en projets de réforme et propositions de lois !

2. En fait, Voltaire ne dresse un décor satirique, à la façon des *Lettres persanes*, drôle et incisif, que pour mieux surprendre le lecteur par un changement de perspective inattendu. Qu'est-ce qui, dans les chapitres antérieurs, avait préparé ce coup de théâtre techniquement impeccable : à la fois logique, placé au meilleur moment et dramatiquement orchestré ? Comment le romancier s'y prend-il pour rendre cette séquence à la fois dramatique et conforme à la logique antérieure de son personnage ? autrement dit, pour jouer à la fois sur le changement et la continuité, la surprise et l'effet d'attente ?

Chapitre X

L'Ingénu enfermé à la Bastille avec un janséniste[1]

M. GORDON était un vieillard frais[2] et serein, qui savait deux grandes choses : supporter l'adversité et consoler les malheureux. Il s'avança d'un air ouvert et compatissant vers son compagnon, et lui dit en l'embrassant : « Qui que vous soyez qui
5 venez partager mon tombeau, soyez sûr que je m'oublierai toujours moi-même pour adoucir vos tourments dans l'abîme infernal où nous sommes plongés. Adorons la Providence qui nous y a conduits, souffrons en paix, et espérons. » Ces paroles firent sur l'âme de l'Ingénu l'effet des gouttes d'Angleterre[3] qui
10 rappellent un mourant à la vie, et lui font entrouvrir des yeux étonnés.

Après les premiers compliments[4], Gordon, sans le presser de lui apprendre la cause de son malheur, lui inspira, par la douceur de son entretien, et par cet intérêt que prennent deux
15 malheureux l'un à l'autre, le désir d'ouvrir son cœur et de déposer le fardeau qui l'accablait ; mais il ne pouvait deviner le

---

1. *Janséniste* : adepte du jansénisme, interprétation sombre et austère du christianisme développée par le théologien Jansénius (1585-1638) à partir des textes de saint Augustin, et vivement combattue par l'Église. Pascal est le plus illustre défenseur du jansénisme.
2. *Frais* : qui a conservé un air de jeunesse.
3. *Gouttes d'Angleterre* : produit revigorant à base de sel ammoniac, inventé au XVIIe siècle par le médecin en chef de l'armée anglaise.
4. *Compliments* : échanges de politesses, de civilités.

Quartier de l'Arsenal et de la Bastille au début du XVIIIe siècle, d'après le plan de Turgot établi de 1734 à 1739.

sujet de son malheur : cela lui paraissait un effet sans cause, et le bonhomme[1] Gordon était aussi étonné que lui-même.

« Il faut, dit le janséniste au Huron, que Dieu ait de grands
20 desseins sur vous, puisqu'il vous a conduit du lac Ontario en Angleterre et en France, qu'il vous a fait baptiser en Basse-Bretagne, et qu'il vous a mis ici pour votre salut[2]. — Ma foi, répondit l'Ingénu, je crois que le diable s'est mêlé seul de ma destinée. Mes compatriotes d'Amérique ne m'auraient
25 jamais traité avec la barbarie que j'éprouve ; ils n'en ont pas d'idée. On les appelle *sauvages ;* ce sont des gens de bien grossiers, et les hommes de ce pays-ci sont des coquins raffinés. Je suis, à la vérité, bien surpris d'être venu de l'autre monde pour être enfermé dans celui-ci sous quatre verrous avec
30 un prêtre ; mais je fais réflexion au nombre prodigieux d'hommes qui partent d'un hémisphère pour aller se faire tuer dans l'autre, ou qui font naufrage en chemin, et qui sont mangés des poissons : je ne vois pas les gracieux desseins de Dieu sur tous ces gens-là. »

35 On leur apporta à dîner par un guichet. La conversation roula sur la Providence, sur les lettres de cachet[3], et sur l'art de ne pas succomber aux disgrâces auxquelles tout homme est exposé dans ce monde. « Il y a deux ans que je suis ici, dit le vieillard, sans autre consolation que moi-même et des livres ; je n'ai pas
40 eu un moment de mauvaise humeur.

---

1. *Bonhomme :* homme plein de bonté et de simplicité. N'a pas ici de valeur péjorative.
2. *Salut :* il s'agit bien entendu du salut éternel de son âme : enfermé à la Bastille en compagnie d'un janséniste, l'Ingénu échappera aux tentations du monde et s'instruira dans la vraie doctrine chrétienne !
3. *Lettre de cachet :* lettre au cachet du roi, contenant un ordre de sa part. Mais l'expression désigne le plus souvent une lettre d'exil ou d'emprisonnement. Les lettres de cachet, notamment au XVIIIe siècle, répondaient souvent à une demande des familles, pour mettre fin à des conduites jugées contraires au bon ordre des choses (voir la réplique de Mlle de Saint-Yves, page 109. l. 31-33).

— Ah ! monsieur Gordon, s'écria l'Ingénu, vous n'aimez donc pas votre marraine ? Si vous connaissiez comme moi Mlle de Saint-Yves, vous seriez au désespoir. » À ces mots il ne put retenir ses larmes, et il se sentit alors un peu moins oppressé.

45 « Mais, dit-il, pourquoi donc les larmes soulagent-elles ? Il me semble qu'elles devraient faire un effet contraire. — Mon fils, tout est physique en nous, dit le bon vieillard ; toute sécrétion fait du bien au corps, et tout ce qui le soulage soulage l'âme : nous sommes les machines de la Providence. »

50 L'Ingénu, qui, comme nous l'avons dit plusieurs fois, avait un grand fonds d'esprit, fit de profondes réflexions sur cette idée, dont il semblait qu'il avait la semence en lui-même. Après quoi il demanda à son compagnon pourquoi sa machine était depuis deux ans sous quatre verrous. « Par la grâce efficace[1], répondit

55 Gordon ; je passe pour janséniste : j'ai connu Arnaud et Nicole[2] ; les jésuites nous ont persécutés. Nous croyons que le pape n'est qu'un évêque comme un autre ; et c'est pour cela que le père de La Chaise a obtenu du roi, son pénitent, un ordre de me ravir, sans aucune formalité de justice, le bien le plus précieux des

60 hommes, la liberté. — Voilà qui est bien étrange, dit l'Ingénu ; tous les malheureux que j'ai rencontrés ne le sont qu'à cause du pape.

« À l'égard de votre grâce efficace, je vous avoue que je n'y entends rien ; mais je regarde comme une grande grâce que Dieu

65 m'ait fait trouver dans mon malheur un homme comme vous,

---

1. *Grâce efficace* : une des notions théologiques âprement discutées entre jansénistes et jésuites. Les jésuites pensent que Dieu dispense à tous les chrétiens une « grâce suffisante » susceptible d'assurer leur salut s'ils le veulent et y travaillent, tandis que les jansénistes estiment que la grâce ne devient « efficace », c'est-à-dire propre à faire agir, que chez les « élus », ou « prédestinés », choisis de toute éternité par la sagesse divine.
2. *Arnaud et Nicole* : célèbres théologiens jansénistes (1612-1694 et 1625-1695).

qui verse dans mon cœur des consolations dont je me croyais
incapable. »

Chaque jour la conversation devenait plus intéressante et plus
instructive. Les âmes des deux captifs s'attachaient l'une à
70 l'autre. Le vieillard savait beaucoup, et le jeune homme voulait
beaucoup apprendre. Au bout d'un mois il étudia la géométrie ;
il la dévorait. Gordon lui fit lire la *Physique* de Rohault[1], qui était
encore à la mode, et il eut le bon esprit de n'y trouver que des
incertitudes.

75 Ensuite il lut le premier volume de la *Recherche de la vérité*[2].
Cette nouvelle lumière l'éclaira. « Quoi ! dit-il, notre
imagination et nos sens nous trompent à ce point ! quoi ! les
objets ne forment point nos idées, et nous ne pouvons nous les
donner nous-mêmes ! » Quand il eut lu le second volume, il ne
80 fut plus si content, et il conclut qu'il est plus aisé de détruire que
de bâtir.

Son confrère, étonné qu'un jeune ignorant fit cette réflexion
qui n'appartient qu'aux âmes exercées, conçut une grande idée
de son esprit et s'attacha à lui davantage.

85 « Votre Malebranche, lui dit un jour l'Ingénu, me paraît avoir
écrit la moitié de son livre avec sa raison, et l'autre avec son
imagination et ses préjugés. »

Quelques jours après, Gordon lui demanda : « Que
pensez-vous donc de l'âme, de la manière dont nous recevons
90 nos idées, de notre volonté, de la grâce, du libre arbitre[3] ? —
Rien, lui repartit l'Ingénu ; si je pensais quelque chose, c'est que
nous sommes sous la puissance de l'Être éternel comme les

---

1. *Rohault* : auteur (1620-1674) d'un traité de physique (1671), inspiré des
théories de Descartes.
2. *De la recherche de la vérité* : célèbre livre du philosophe oratorien
Malebranche (1638-1715), paru en 1674-1675.
3. *Libre arbitre* : terme de métaphysique qui désigne la liberté qu'aurait la
volonté de l'homme de former elle-même ses décisions, sans secours de la
grâce divine ou sans pression de causes externes.

astres et les éléments ; qu'il fait tout en nous, que nous sommes
de petites roues de la machine immense dont il est l'âme ; qu'il
95 agit par des lois générales et non par des vues particulières[1] ; cela
seul me paraît intelligible, tout le reste est pour moi un abîme de
ténèbres.

— Mais, mon fils, ce serait faire Dieu auteur du péché !

— Mais, mon père, votre grâce efficace ferait Dieu auteur du
100 péché aussi : car il est certain que tous ceux à qui cette grâce
serait refusée pécheraient ; et qui nous livre au mal n'est-il pas
l'auteur du mal ? »

Cette naïveté embarrassait fort le bonhomme ; il sentait qu'il
faisait de vains efforts pour se tirer de ce bourbier, et il entassait
105 tant de paroles qui paraissaient avoir du sens et qui n'en avaient
point (dans le goût de la prémotion physique[2]) que l'Ingénu en
avait pitié. Cette question tenait évidemment à l'origine du bien
et du mal ; et alors il fallait que le pauvre Gordon passât en revue
la boîte de Pandore, l'œuf d'Orosmade percé par Arimane,
110 l'inimitié entre Typhon et Osiris, et enfin le péché originel[3] ; et
ils couraient l'un et l'autre dans cette nuit profonde, sans jamais
se rencontrer. Mais enfin ce roman de l'âme détournait leur vue
de la contemplation de leur propre misère ; et par un charme
étrange, la foule des calamités répandues sur l'univers diminuait
115 la sensation de leurs peines : ils n'osaient se plaindre quand tout
souffrait.

---

1. Dieu, selon l'Ingénu (et Voltaire !), n'agit sur le monde et les hommes que
par l'intermédiaire des lois générales (physiques et morales) qu'il a lui-même
édictées, jamais par des interventions particulières (ou miracles) pour ou contre
tel groupe ou tel individu.
2. *Prémotion physique :* doctrine théologique selon laquelle Dieu agirait
directement, physiquement, sur la volonté humaine. L'abbé Boursier
(1679-1749) avait publié *l'Action de Dieu sur les créatures, ou la Prémotion
physique.*
3. *La boîte de Pandore ... péché originel :* Gordon évoque, dans l'ordre, les
mythes grec, persan, égyptien et hébreu sur l'origine du mal.

Mais dans le repos de la nuit, l'image de la belle Saint-Yves effaçait dans l'esprit de son amant toutes les idées de métaphysique et de morale. Il se réveillait les yeux mouillés de
120 larmes ; et le vieux janséniste oubliait sa grâce efficace, et l'abbé de Saint-Cyran, et Jansénius[1], pour consoler un jeune homme qu'il croyait en péché mortel.

Après leurs lectures, après leurs raisonnements, ils parlaient encore de leurs aventures ; et après en avoir inutilement parlé, ils
125 lisaient ensemble ou séparément. L'esprit du jeune homme se fortifiait de plus en plus. Il serait surtout allé très loin en mathématique, sans les distractions que lui donnait Mlle de Saint-Yves.

Il lut des histoires[2], elles l'attristèrent. Le monde lui parut trop
130 méchant et trop misérable. En effet, l'histoire n'est que le tableau des crimes et des malheurs. La foule des hommes innocents et paisibles disparaît toujours sur ces vastes théâtres. Les personnages ne sont que des ambitieux pervers. Il semble que l'histoire ne plaise que comme la tragédie, qui languit si elle n'est
135 animée par les passions, les forfaits et les grandes infortunes. Il faut armer Clio du poignard comme Melpomène[3].

Quoique l'histoire de France soit remplie d'horreurs ainsi que toutes les autres, cependant elle lui parut si dégoûtante dans ses commencements, si sèche dans son milieu, si petite enfin, même
140 du temps de Henri IV, toujours si dépourvue de grands monuments, si étrangère à ces belles découvertes qui ont illustré d'autres nations, qu'il était obligé de lutter contre l'ennui pour

---

1. *L'abbé de Saint-Cyran et Jansénius* : théologiens français (1581-1643) et hollandais (1585-1638). Directeur de conscience à l'abbaye de Port-Royal, Saint-Cyran fut pour beaucoup dans la diffusion du jansénisme à partir du livre de son ami Jansénius, l'*Augustinus*.
2. *Histoires* : livres d'historiens.
3. *Clio ... Melpomène* : respectivement, chez les Grecs, muse de l'Histoire et muse de la Tragédie.

lire tous ces détails de calamités obscures resserrées dans un coin du monde.

145   Gordon pensait comme lui. Tous deux riaient de pitié quand il était question des souverains de Fezensac, de Fezansaguet et d'Astarac[1]. Cette étude en effet ne serait bonne que pour leurs héritiers s'ils en avaient. Les beaux siècles de la république romaine le rendirent quelque temps indifférent pour le reste de
150   la terre. Le spectacle de Rome victorieuse et législatrice des nations occupait son âme entière. Il s'échauffait en contemplant ce peuple qui fut gouverné sept cents ans par l'enthousiasme de la liberté et de la gloire.

Ainsi se passaient les jours, les semaines, les mois ; et il se
155   serait cru heureux dans le séjour du désespoir, s'il n'avait point aimé.

Son bon naturel s'attendrissait encore sur le prieur de Notre-Dame de la Montagne et sur la sensible Kerkabon. « Que penseront-ils, répétait-il souvent, quand ils n'auront point de
160   mes nouvelles ? Ils me croiront un ingrat. » Cette idée le tourmentait ; il plaignait ceux qui l'aimaient, beaucoup plus qu'il ne se plaignait lui-même.

---

1. *Fezensac ... Astarac :* trois petits comtés du pays d'Armagnac.

89

Chapitre XI

Comment l'Ingénu développe son génie

LA LECTURE agrandit l'âme, et un ami éclairé la console. Notre captif jouissait de ces deux avantages qu'il n'avait pas soupçonnés auparavant. « Je serais tenté, dit-il, de croire aux métamorphoses, car j'ai été changé de brute en homme. » Il se
5 forma une bibliothèque choisie d'une partie de son argent dont on lui permettait de disposer. Son ami l'encouragea à mettre par écrit ses réflexions. Voici ce qu'il écrivit sur l'histoire ancienne :

Je m'imagine que les nations ont été longtemps comme moi, qu'elles ne se sont instruites que fort tard, qu'elles n'ont été occupées pendant des
10 siècles que du moment présent qui coulait, très peu du passé et jamais de l'avenir. J'ai parcouru cinq ou six cents lieues du Canada, je n'y ai pas trouvé un seul monument ; personne n'y sait rien de ce qu'a fait son bisaïeul. Ne serait-ce pas là l'état naturel de l'homme ? L'espèce de ce continent-ci me paraît supérieure à celle de l'autre. Elle a augmenté son
15 être depuis plusieurs siècles par les arts et par les connaissances. Est-ce parce qu'elle a de la barbe au menton, et que Dieu a refusé la barbe aux Américains ? Je ne le crois pas ; car je vois que les Chinois n'ont presque point de barbe, et qu'ils cultivent les arts depuis plus de cinq mille années. En effet, s'ils ont plus de quatre mille ans d'annales, il faut bien que la
20 nation ait été rassemblée et florissante depuis plus de cinquante siècles.

Une chose me frappe surtout dans cette ancienne histoire de la Chine, c'est que presque tout y est vraisemblable et naturel. Je l'admire en ce qu'il n'y a rien de merveilleux[1].

---

1. Rien de merveilleux : rien de miraculeux, de fabuleux.

Pourquoi toutes les autres nations se sont-elles donné des origines
25 *fabuleuses ? Les anciens chroniqueurs de l'histoire de France, qui ne sont*
pas fort anciens, font venir les Français d'un Francus, fils d'Hector[1].
Les Romains se disaient issus d'un Phrygien[2] *quoiqu'il n'y eût pas dans*
leur langue un seul mot qui eût le moindre rapport à la langue de
Phrygie. Les dieux avaient habité dix mille ans en Égypte[3] *et les diables*
30 *en Scythie, où ils avaient engendré les Huns*[4]. *Je ne vois, avant*
Thucydide[5], *que des romans semblables aux Amadis*[6], *et beaucoup*
moins amusants. Ce sont partout des apparitions, des oracles, des
prodiges, des sortilèges, des métamorphoses, des songes expliqués, et qui
font la destinée des plus grands empires et des plus petits États : ici des
35 *bêtes qui parlent, là des bêtes qu'on adore, des dieux transformés en*
hommes, et des hommes transformés en dieux. Ah ! s'il nous faut des
fables[7], *que ces fables soient du moins l'emblème*[8] *de la vérité ! J'aime les*
fables des philosophes, je ris de celles des enfants, et je hais celles des
imposteurs[9].

40   Il tomba un jour sur une histoire de l'empereur Justinien[10]. On

---

1. *Hector* : fils du roi de Troie Priam dans *l'Iliade*, d'Homère (voir aussi *la Franciade*, épopée de Ronsard).
2. Allusion à la célèbre épopée latine de Virgile, *l'Énéide*.
3. Mythe rapporté par les Grecs.
4. Mythe médiéval. À l'origine, les Huns désignent une peuplade nomade de Haute-Asie.
5. *Thucydide* : le plus fameux historien grec (465-388 avant J.-C.).
6. *Amadis* : célèbres romans de chevalerie du xive siècle, notamment *Amadis de Gaule*, du Portugais Vasco de Lobeira.
7. *Fables* : histoires inventées.
8. *Emblème* : figure symbolique. « La religion a des symboles, les artistes ont des emblèmes », car « l'emblème est le résultat d'une certaine œuvre et d'une création particulière » (Dictionnaire Littré).
9. *Celles des imposteurs* : les fables de la religion, destinées à tromper les hommes pour leur extorquer croyance, obéissance et argent. Dans cette perspective, Moïse, Jésus et Mahomet, qui se prétendent porte-parole de Dieu et bénéficiaires de miracles, seraient considérés comme les trois plus grands imposteurs.
10. *Justinien* : célèbre empereur byzantin (482-565) de l'Empire romain d'Orient.

y lisait que des apédeutes[1] de Constantinople avaient donné, en
très mauvais grec, un édit contre le plus grand capitaine du
siècle[2], parce que ce héros avait prononcé ces paroles dans la
chaleur de la conversation : *La vérité luit de sa propre lumière, et on*
45 *n'éclaire pas les esprits avec les flammes des bûchèrs*[3]. Les apédeutes
assurèrent que cette proposition était hérétique, sentant l'hérésie,
et que l'axiome contraire était catholique, universel et grec : *On*
n'éclaire les esprits qu'avec la flamme des bûchers, et la vérité ne saurait
luire de sa propre lumière. Ces linostoles[4] condamnèrent ainsi
50 plusieurs discours du capitaine, et donnèrent un édit.
   « Quoi ! s'écria l'Ingénu, des édits rendus par ces gens-là[5] ! —
Ce ne sont point des édits, répliqua Gordon, ce sont des
contre-édits, dont tout le monde se moquait à Constantinople, et
l'empereur tout le premier : c'était un sage prince qui avait su
55 réduire les apédeutes linostoles à ne pouvoir faire que du bien. Il
savait que ces messieurs-là et plusieurs autres pastophores[6]
avaient lassé de contre-édits la patience des empereurs ses
prédécesseurs en matière plus grave. — Il fit fort bien, dit
l'Ingénu ; on doit soutenir les pastophores et les contenir. »
60   Il mit par écrit beaucoup d'autres réflexions qui épouvantèrent
le vieux Gordon. « Quoi ! dit-il en lui-même, j'ai consumé

---

1. *Apédeutes* : mot forgé par Voltaire sur un adjectif grec et signifiant un
homme sans éducation. Voltaire désigne évidemment là les prêtres chrétiens.
2. Bélisaire (494-565), célèbre général de Justinien. Les peintres le
représentaient souvent aveugle et réduit à la mendicité après une disgrâce.
3. *La vérité ... bûchers* : citation d'un roman de Marmontel (1723-1799),
Bélisaire, censuré par les théologiens de la Sorbonne en 1767. Voltaire écrit en
1767 des *Anecdotes sur Bélisaire.*
4. *Linostoles :* autre néologisme à partir du grec et signifiant « habillé de lin. » Il
désigne les docteurs en théologie de la Sorbonne.
5. *Des édits ... gens-là :* il n'appartient qu'aux rois et chefs d'État de rendre des
édits.
6. *Pastophores :* nouveau mot calqué sur le grec, désignant les prêtres grecs
chargés de porter les statuettes de la divinité dans les temples. C'est donc un
synonyme de « prêtre ».

cinquante ans à m'instruire, et je crains de ne pouvoir atteindre
au bon sens naturel de cet enfant presque sauvage ! Je tremble
d'avoir laborieusement fortifié des préjugés ; il n'écoute que la
65 simple nature. »

Le bonhomme avait quelques-uns de ces petits livres de
critique, de ces brochures périodiques[1] où des hommes
incapables de rien produire dénigrent les productions des autres,
où les Visé insultent aux Racine, et les Faydit aux Fénelon[2].
70 L'Ingénu en parcourut quelques-uns. « Je les compare, disait-il, à
certains moucherons qui vont déposer leurs œufs dans le derrière
des plus beaux chevaux : cela ne les empêche pas de courir. » À
peine les deux philosophes daignèrent-ils jeter les yeux sur ces
excréments de la littérature.

75 Ils lurent bientôt ensemble les éléments de l'astronomie ;
l'Ingénu fit venir des sphères[3] : ce grand spectacle le ravissait.
« Qu'il est dur, disait-il, de ne commencer à connaître le ciel que
lorsqu'on me ravit le droit de le contempler ! Jupiter et Saturne
roulent dans ces espaces immenses ; des millions de soleils
80 éclairent des milliards de mondes ; et dans le coin de terre où je
suis jeté, il se trouve des êtres qui me privent, moi être voyant et
pensant, de tous ces mondes où ma vue pourrait atteindre, et de
celui où Dieu m'a fait naître ! La lumière faite pour tout l'univers
est perdue pour moi. On ne me la cachait pas dans l'horizon
85 septentrional où j'ai passé mon enfance et ma jeunesse. Sans
vous, mon cher Gordon, je serais ici dans le néant. »

1. *Périodiques* : ce qu'on appelle au XVIIIe siècle des « journaux », c'est-à-dire
des publications périodiques, par opposition aux livres.
2. Visé (1638-1710) critiqua Racine et Molière, fonda un périodique connu, le
Mercure galant ; Faydit (1640-1709) s'en prit aux *Aventures de Télémaque*
(1699), roman pédagogique de Fénelon (1651-1715).
3. *Sphères* : « Machine ronde composée de divers cercles représentant ceux
que les astronomes ont imaginés dans le ciel » (Dictionnaire Littré).

Chapitre XII

Ce que l'Ingénu pense des pièces de théâtre

Le jeune Ingénu ressemblait à un de ces arbres vigoureux qui, nés dans un sol ingrat, étendent en peu de temps leurs racines et leurs branches quand ils sont transplantés dans un terrain favorable ; et il était bien extraordinaire qu'une prison fût ce
5 terrain.

Parmi les livres qui occupaient le loisir des deux captifs, il se trouva des poésies, des traductions de tragédies grecques, quelques pièces du théâtre français. Les vers qui parlaient d'amour portèrent à la fois dans l'âme de l'Ingénu le plaisir et la
10 douleur. Ils lui parlaient tous de sa chère Saint-Yves. La fable des *Deux Pigeons*[1] lui perça le cœur : il était bien loin de pouvoir revenir à son colombier.

Molière l'enchanta. Il lui faisait connaître les mœurs de Paris et du genre humain. « À laquelle de ses comédies donnez-vous
15 la préférence ? — Au *Tartuffe*[2], sans difficulté. — Je pense comme vous, dit Gordon ; c'est un tartufe qui m'a plongé dans ce cachot, et peut-être ce sont des tartufes qui ont fait votre malheur. Comment trouvez-vous ces tragédies grecques ? — Bonnes pour des Grecs », dit l'Ingénu. Mais quand il lut
20 l'*Iphigénie* moderne, *Phèdre, Andromaque, Athalie*[3], il fut en extase,

---

1. *Les deux Pigeons* : fable de La Fontaine (livre IX).
2. *Tartuffe* : pièce de Molière. Le terme de tartuffe est passé dans le langage courant pour désigner un faux dévot, un hypocrite. Les deux orthographes (un ou deux f) étaient utilisées.
3. *Iphigénie ... Athalie* : tragédies de Racine.

il soupira, il versa des larmes, il les sut par cœur sans avoir envie de les apprendre.

« Lisez *Rodogune*[1], lui dit Gordon : on dit que c'est le chef-d'œuvre du théâtre ; les autres pièces qui vous ont fait tant
25 de plaisir sont peu de chose en comparaison. » Le jeune homme, dès la première page, lui dit : « Cela n'est pas du même auteur. — À quoi le voyez-vous ? — Je n'en sais rien encore ; mais ces vers-là ne vont ni à mon oreille ni à mon cœur. — Oh ! ce n'est rien que les vers », répliqua Gordon. L'Ingénu répondit :
30 « Pourquoi donc en faire ? »

Après avoir lu très attentivement la pièce, sans autre dessein que celui d'avoir du plaisir, il regardait son ami avec des yeux secs et étonnés, et ne savait que dire. Enfin, pressé de rendre compte de ce qu'il avait senti, voici ce qu'il répondit : « Je n'ai
35 guère entendu le commencement ; j'ai été révolté du milieu ; la dernière scène m'a beaucoup ému, quoiqu'elle me paraisse peu vraisemblable[2] ; je ne me suis intéressé pour personne, et je n'ai pas retenu vingt vers, moi qui les retiens tous quand ils me plaisent.

40 — Cette pièce passe pourtant pour la meilleure que nous ayons. — Si cela est, répliqua-t-il, elle est peut-être comme bien des gens qui ne méritent pas leurs places. Après tout, c'est ici une affaire de goût : le mien ne doit pas encore être formé ; je peux me tromper ; mais vous savez que je suis assez accoutumé à dire
45 ce que je pense, ou plutôt ce que je sens. Je soupçonne qu'il y a souvent de l'illusion, de la mode, du caprice, dans les jugements des hommes. J'ai parlé d'après la nature : il se peut que chez moi la nature soit très imparfaite ; mais il se peut aussi qu'elle soit quelquefois peu consultée par la plupart des hommes. » Alors il
50 récita des vers d'*Iphigénie,* dont il était plein, et quoiqu'il ne

---

1. *Rodogune :* tragédie de Corneille.
2. Allusion à une scène célèbre, où circule une coupe empoisonnée.

déclamât pas bien, il y mit tant de vérité et d'onction[1] qu'il fit pleurer le vieux janséniste. Il lut ensuite *Cinna*[2], il ne pleura point, mais il admira. « Je suis fâché pourtant, dit-il, que cette brave fille reçoive tous les jours des rouleaux[3] de l'homme
55 qu'elle veut faire assassiner. Je lui dirais volontiers ce que j'ai lu dans *les Plaideurs*[4] : Eh ! rendez donc l'argent ! »

---

1. *Onction :* au sens figuré, ce qui, dans un écrit ou un discours, touche le cœur. Le mot était souvent employé dans le vocabulaire religieux, au sens littéral du verbe « oindre » (le sacrement d'extrême-onction) ou figuré (l'onction de la grâce).
2. *Cinna :* célèbre tragédie de Corneille.
3. Allusion à des vers prononcés par l'empereur Auguste dans *Cinna* (II, 1) : l'empereur, contraint de mettre à mort le père d'Émilie, a tenté depuis, dit-il, d'adoucir « cette perte » en lui ouvrant son « épargne ». Voltaire trouve bas et choquant qu'Émilie accepte des « rouleaux » d'or de celui qu'elle veut faire assassiner pour venger son père.
4. *Les Plaideurs :* comédie de Racine.

Chapitre XIII

La belle Saint-Yves va à Versailles

Pᴇɴᴅᴀɴᴛ ǫᴜᴇ notre infortuné s'éclairait plus qu'il ne se consolait ; pendant que son génie[1], étouffé depuis si longtemps, se déployait avec tant de rapidité et de force ; pendant que la nature, qui se perfectionnait en lui, le vengeait des outrages de la
5 fortune, que devinrent monsieur le prieur et sa bonne sœur, et la belle recluse Saint-Yves ? Le premier mois on fut inquiet, et au troisième on fut plongé dans la douleur : les fausses conjectures, les bruits mal fondés alarmèrent ; au bout de six mois on le crut mort. Enfin, M. et Mlle de Kerkabon apprirent, par une ancienne
10 lettre qu'un garde du roi avait écrite en Bretagne, qu'un jeune homme semblable à l'Ingénu était arrivé un soir à Versailles, mais qu'il avait été enlevé pendant la nuit, et que depuis ce temps personne n'en avait entendu parler.

« Hélas ! dit Mlle Kerkabon, notre neveu aura fait quelque
15 sottise et se sera attiré de fâcheuses affaires. Il est jeune, il est Bas-Breton, il ne peut savoir comme on doit se comporter à la cour. Mon cher frère, je n'ai jamais vu Versailles ni Paris ; voici une belle occasion, nous retrouverons peut-être notre pauvre neveu : c'est le fils de notre frère, notre devoir est de le secourir.
20 Qui sait si nous ne pourrons point parvenir enfin à le faire sous-diacre, quand la fougue de la jeunesse sera amortie ? Il avait beaucoup de disposition pour les sciences[2]. Vous

---

1. *Son génie* : ses qualités naturelles.
2. *Les sciences* : ne désignent pas ici l'exploration scientifique de la nature, comme le prouve la référence suivante à la Bible. Mᴵᴵᵉ de Kerkabon veut dire, en

souvenez-vous comme il raisonnait sur l'Ancien et sur le
Nouveau Testament ? Nous sommes responsables de son âme ;
25 c'est nous qui l'avons fait baptiser ; sa chère maîtresse
Saint-Yves passe les journées à pleurer. En vérité, il faut aller à
Paris. S'il est caché dans quelqu'une de ces vilaines maisons de
joie[1] dont on m'a fait tant de récits, nous l'en tirerons. » Le prieur
fut touché des discours de sa sœur. Il alla trouver l'évêque de
30 Saint-Malo, qui avait baptisé le Huron, et lui demanda sa
protection et ses conseils. Le prélat approuva le voyage. Il donna
au prieur des lettres de recommandation pour le père de La
Chaise, confesseur du roi, qui avait la première dignité du
royaume ; pour l'archevêque de Paris Harlay, et pour l'évêque de
35 Meaux Bossuet[2].

Enfin le frère et la sœur partirent ; mais quand ils furent arrivés
à Paris, ils se trouvèrent égarés comme dans un vaste labyrinthe
sans fil et sans issue. Leur fortune était médiocre ; il leur fallait
tous les jours des voitures pour aller à la découverte, et ils ne
40 découvraient rien.

Le prieur se présenta chez le révérend père de La Chaise : il
était avec Mlle du Tron[3], et ne pouvait donner audience à des
prieurs. Il alla à la porte de l'archevêque : le prélat était enfermé
avec la belle Mme de Lesdiguières[4] pour les affaires de l'Église. Il
45 courut à la maison de campagne de l'évêque de Meaux : celui-ci

un sens tout classique, que l'Ingénu a du goût pour les études, pour les choses
de l'esprit.
1. *Maisons de joie :* maisons de prostitution, où opèrent des filles de joie.
2. Harlay de Champvallon (1625-1695), archevêque de Paris depuis 1671,
aimait beaucoup les femmes et très peu les protestants. Il s'opposa aussi à la
sépulture religieuse de Molière. Bossuet (1627-1704) est le plus grand orateur
et théologien français de l'âge classique.
3. *Mlle du Tron :* nièce du premier valet de chambre de Louis XIV. L'anecdote
apparaît en 1704 dans un pamphlet anonyme peu crédible, *Histoire célèbre des
amours du P. de La Chaise.*
4. *Mme de Lesdiguières :* aucun contemporain ne doutait de cette liaison, ni de
la mort peu édifiante du prélat « sur Mme de Lesdiguières ».

examinait avec Mlle de Mauléon[1] l'amour mystique de Mme Guyon[2]. Cependant il parvint à se faire entendre de ces deux prélats ; tous deux lui déclarèrent qu'ils ne pouvaient se mêler de son neveu, attendu qu'il n'était pas sous-diacre.

50   Enfin il vit le jésuite ; celui-ci le reçut à bras ouverts, lui protesta qu'il avait toujours eu pour lui une estime particulière, ne l'ayant jamais connu. Il jura que la Société[3] avait toujours été attachée aux Bas-Bretons. « Mais, dit-il, votre neveu n'aurait-il pas le malheur d'être huguenot ? — Non, assurément, mon
55 Révérend Père. — Serait-il point janséniste ? — Je puis assurer à Votre Révérence qu'à peine est-il chrétien. Il y a environ onze mois que nous l'avons baptisé. — Voilà qui est bien, voilà qui est bien, nous aurons soin de lui. Votre bénéfice est-il considérable ? — Oh ! fort peu de chose, et mon neveu nous coûte beaucoup.
60 — Y a-t-il quelques jansénistes dans le voisinage ? Prenez bien garde, mon cher monsieur le prieur, ils sont plus dangereux que les huguenots et les athées. — Mon Révérend Père, nous n'en avons point ; on ne sait ce que c'est que le jansénisme à Notre-Dame de la Montagne. — Tant mieux ; allez, il n'y a rien
65 que je ne fasse pour vous. » Il congédia affectueusement le prieur, et n'y pensa plus.

    Le temps s'écoulait, le prieur et la bonne sœur se désespéraient.

    Cependant le maudit bailli pressait le mariage de son grand
70 benêt de fils avec la belle Saint-Yves, qu'on avait fait sortir exprès du couvent. Elle aimait toujours son cher filleul autant qu'elle détestait le mari qu'on lui présentait. L'affront d'avoir été mise dans un couvent augmentait sa passion. L'ordre d'épouser

---

1. *Mlle de Mauléon* : Voltaire était persuadé, sur la foi de Mémoires parus en 1712, qu'un contrat de mariage avait lié Bossuet avec cette demoiselle.
2. *Mme Guyon* : fervente chrétienne (1648-1717), dont les thèmes mystiques (qu'on a dénommés « quiétisme ») frappèrent Fénelon, mais furent condamnés en 1696 par une commission animée par Bossuet.
3. *Société* : la Société de Jésus, l'ordre des Jésuites.

le fils du bailli y mettait le comble. Les regrets, la tendresse et
75 l'horreur bouleversaient son âme. L'amour, comme on sait, est
bien plus ingénieux et plus hardi dans une jeune fille que l'amitié
ne l'est dans un vieux prieur et dans une tante de quarante-cinq
ans passés. De plus, elle s'était bien formée dans son couvent par
les romans qu'elle avait lus à la dérobée.

80   La belle Saint-Yves se souvenait de la lettre qu'un garde du
corps avait écrite en Basse-Bretagne, et dont on avait parlé dans
la province. Elle résolut d'aller elle-même prendre des
informations à Versailles, de se jeter aux pieds des ministres si
son mari était en prison, comme on le disait, et d'obtenir justice
85 pour lui. Je ne sais quoi l'avertissait secrètement qu'à la cour on
ne refuse rien à une jolie fille. Mais elle ne savait pas ce qu'il en
coûtait.

   Sa résolution prise, elle est consolée, elle est tranquille, elle ne
rebute plus son sot prétendu ; elle accueille le détestable
90 beau-père, caresse[1] son frère, répand l'allégresse dans la
maison ; puis, le jour destiné à la cérémonie, elle part
secrètement à quatre heures du matin avec ses petits présents de
noce et tout ce qu'elle a pu rassembler. Ses mesures étaient si
bien prises qu'elle était déjà à plus de dix lieues lorsqu'on entra
95 dans sa chambre vers le midi. La surprise et la consternation
furent grandes. L'interrogant bailli fit ce jour-là plus de questions
qu'il n'en avait fait dans toute la semaine ; le mari resta plus sot
qu'il ne l'avait jamais été. L'abbé de Saint-Yves en colère prit le
parti de courir après sa sœur. Le bailli et son fils voulurent
100 l'accompagner. Ainsi la destinée conduisait à Paris presque tout
ce canton de la Basse-Bretagne.

   La belle Saint-Yves se doutait bien qu'on la suivrait. Elle
était à cheval ; elle s'informait adroitement des courriers[2]

---

1. *Caresse* : donne des marques d'affection.
2. *Courriers* : porteurs de dépêches, mais aussi tous les utilisateurs de chevaux
de poste.

s'ils n'avaient point rencontré un gros abbé, un énorme bailli et
105 un jeune benêt, qui couraient sur le chemin de Paris. Ayant
appris au troisième jour qu'ils n'étaient pas loin, elle prit une
route différente, et eut assez d'habileté et de bonheur pour
arriver à Versailles tandis qu'on la cherchait inutilement dans
Paris.

110   Mais comment se conduire à Versailles ? Jeune, belle, sans
conseil, sans appui, inconnue, exposée à tout, comment oser
chercher un garde du roi ? Elle imagina de s'adresser à un jésuite
du bas étage[1] ; il y en avait pour toutes les conditions de la vie,
comme Dieu, disaient-ils, a donné différentes nourritures aux
115 diverses espèces d'animaux. Il avait donné au roi son confesseur,
que tous les solliciteurs de bénéfices appelaient le *chef de l'Église
gallicane*[2], ensuite venaient les confesseurs des princesses ; les
ministres n'en avaient point : ils n'étaient pas si sots. Il y avait les
jésuites du grand commun[3], et surtout les jésuites des femmes de
120 chambre, par lesquelles on savait les secrets des maîtresses, et ce
n'était pas un petit emploi. La belle Saint-Yves s'adressa à un de
ces derniers, qui s'appelait le père Tout-à-tous[4]. Elle se confessa
à lui, lui exposa ses aventures, son état, son danger, et le conjura
de la loger chez quelque bonne dévote qui la mît à l'abri des
125 tentations.

        Le père Tout-à-tous l'introduisit chez la femme d'un officier

---

1. *Du bas étage* : exerçant sa mission auprès des couches inférieures de la
société.
2. L'intérêt explique l'emphase de cette périphrase, puisque les libertés
gallicanes accordaient au roi de France un droit de regard sur la distribution des
bénéfices ecclésiastiques.
3. Chez le roi, le grand commun désigne les offices destinés à la nourriture des
gens attachés à la maison du roi ; le petit commun, des offices réservés à
quelques privilégiés, qui y mangeaient à part.
4. Allusion aux paroles célèbres de saint Paul, qui définissent traditionnellement la mission même du prêtre : « Je me suis fait tout à tous pour les
sauver tous » *(Épître aux Corinthiens)*.

du gobelet[1], l'une de ses plus affidées pénitentes[2]. Dès qu'elle y
fut, elle s'empressa de gagner la confiance et l'amitié de cette
femme ; elle s'informa du garde breton, et le fit prier de venir
130 chez elle. Ayant su de lui que son amant avait été enlevé après
avoir parlé à un premier commis, elle court chez ce commis : la
vue d'une belle femme l'adoucit, car il faut convenir que Dieu
n'a créé les femmes que pour apprivoiser les hommes.

Le plumitif[3] attendri lui avoua tout. « Votre amant est à la
135 Bastille depuis près d'un an, et sans vous il y serait peut-être
toute sa vie. » La tendre Saint-Yves s'évanouit. Quand elle eut
repris ses sens, le plumitif lui dit : « Je suis sans crédit pour faire
du bien ; tout mon pouvoir se borne à faire du mal quelquefois.
Croyez-moi, allez chez M. de Saint-Pouange[4] qui fait le bien et
140 le mal, cousin et favori de Mgr de Louvois. Ce ministre a deux
âmes : M. de Saint-Pouange en est une ; Mme du Belloy[5],
l'autre ; mais elle n'est pas à présent à Versailles, il ne vous reste
que de fléchir le protecteur que je vous indique. »

La belle Saint-Yves, partagée entre un peu de joie et
145 d'extrêmes douleurs, entre quelque espérance et de tristes
craintes, poursuivie par son frère, adorant son amant, essuyant
ses larmes et en versant encore, tremblante, affaiblie, et
reprenant courage, courut vite chez M. de Saint-Pouange.

---

1. *Officier du gobelet :* officier de la maison du roi chargé de ravitailler la table,
notamment en pain, vin, fruits et linge.
2. *Une de ses plus affidées pénitentes :* une des femmes en qui il a le plus
confiance (affidées), parmi celles qui le prennent comme directeur de
conscience (pénitentes)
3. *Plumitif :* l'employé de bureau (terme familier)
4. *M. de Saint-Pouange :* personnage historique, commis de la guerre jusqu'en
1701, « fort bien fait et débauché ». Voltaire vise aussi vraisemblablement, à
travers lui, le comte de Saint-Florentin, secrétaire d'État de Louis XV, qui ne
quittera ses fonctions qu'en 1775.
5. *Mme du Belloy :* erreur de mémoire, d'impression, ou déformation délibérée ?
Il s'agit de Mme du Fresnoy.

Chapitre XIV

Progrès de l'esprit de l'Ingénu

L'INGÉNU faisait des progrès rapides dans les sciences, et surtout
dans la science de l'homme[1]. La cause du développement rapide
de son esprit était due à son éducation sauvage presque autant
qu'à la trempe de son âme. Car n'ayant rien appris dans son
5 enfance, il n'avait point appris de préjugés. Son entendement,
n'ayant point été courbé par l'erreur, était demeuré dans toute sa
rectitude. Il voyait les choses comme elles sont, au lieu que les
idées qu'on nous donne dans l'enfance nous les font voir toute
notre vie comme elles ne sont point. « Vos persécuteurs sont
10 abominables, disait-il à son ami Gordon. Je vous plains d'être
opprimé, mais je vous plains d'être janséniste. Toute secte me
paraît le ralliement de l'erreur. Dites-moi s'il y a des sectes en
géométrie. — Non, mon cher enfant, lui dit en soupirant le bon
Gordon ; tous les hommes sont d'accord sur la vérité quand elle
15 est démontrée, mais ils sont trop partagés sur les vérités obscures.
— Dites sur les faussetés obscures. S'il y avait eu une seule vérité
cachée dans vos amas d'arguments qu'on ressasse depuis tant de
siècles, on l'aurait découverte sans doute ; et l'univers aurait été
d'accord au moins sur ce point-là. Si cette vérité était nécessaire
20 comme le soleil l'est à la terre, elle serait brillante comme lui.
C'est une absurdité, c'est un outrage au genre humain, c'est un
attentat contre l'Être infini et suprême de dire : " Il y a une vérité
essentielle à l'homme, et Dieu l'a cachée. " »

---

1. *Science de l'homme* : ce qu'on appelle à l'âge classique la « morale ».

Tout ce que disait ce jeune ignorant, instruit par la nature,
25 faisait une impression profonde sur l'esprit du vieux savant[1]
infortuné. « Serait-il bien vrai, s'écria-t-il, que je me fusse rendu
malheureux pour des chimères ? Je suis bien plus sûr de mon
malheur que de la grâce efficace. J'ai consumé mes jours à
raisonner sur la liberté de Dieu et du genre humain, mais j'ai
30 perdu la mienne ; ni saint Augustin ni Prosper[2] ne me tireront de
l'abîme où je suis. »

L'Ingénu, livré à son caractère, dit enfin : « Voulez-vous que je
vous parle avec une confiance hardie ? Ceux qui se font
persécuter pour ces vaines disputes de l'école me semblent peu
35 sages ; ceux qui persécutent me paraissent des monstres. »

Les deux captifs étaient fort d'accord sur l'injustice de leur
captivité. « Je suis cent fois plus à plaindre que vous, disait
l'Ingénu ; je suis né libre comme l'air ; j'avais deux vies, la liberté
et l'objet de mon amour : on me les ôte. Nous voici tous deux
40 dans les fers, sans en savoir la raison, et sans pouvoir la
demander. J'ai vécu huron vingt ans ; on dit que ce sont des
barbares parce qu'ils se vengent de leurs ennemis ; mais ils n'ont
jamais opprimé leurs amis. À peine ai-je mis le pied en France
que j'ai versé mon sang pour elle ; j'ai peut-être sauvé une
45 province, et pour récompense je suis englouti dans ce tombeau
des vivants, où je serais mort de rage sans vous. Il n'y a donc
point de lois dans ce pays ! On condamne les hommes sans les
entendre ! Il n'en est pas ainsi en Angleterre[3]. Ah ! ce n'était pas
contre les Anglais que je devais me battre. » Ainsi sa philosophie
50 naissante ne pouvait dompter la nature outragée dans le premier
de ses droits, et laissait un libre cours à sa juste colère.

---

1. *Savant :* homme savant, érudit.
2. Saint Prosper, né en 403, fut un ardent partisan des thèses théologiques de
saint Augustin (354-430).
3. En échange du trône d'Angleterre, Guillaume III de Hollande avait dû garantir
les droits du citoyen et du Parlement.

Son compagnon ne le contredit point. L'absence augmente toujours l'amour qui n'est pas satisfait, et la philosophie ne le diminue pas. Il parlait aussi souvent de sa chère Saint-Yves que
55 de morale et de métaphysique. Plus ses sentiments s'épuraient, et plus il aimait. Il lut quelques romans nouveaux ; il en trouva peu qui lui peignissent la situation de son âme. Il sentait que son cœur allait toujours au-delà de ce qu'il lisait. « Ah ! disait-il, presque tous ces auteurs-là n'ont que de l'esprit et de l'art. »
60 Enfin le bon prêtre janséniste devenait insensiblement le confident de sa tendresse. Il ne connaissait l'amour auparavant que comme un péché dont on s'accuse en confession. Il apprit à le connaître comme un sentiment aussi noble que tendre, qui peut élever l'âme autant que l'amollir, et produire même
65 quelquefois des vertus. Enfin, pour dernier prodige, un Huron convertissait un janséniste.

Chapitres X, XI, XII et XIV

L'ÉCOLE DE LA PRISON

1. En choisissant de consacrer quatre chapitres au perfectionnement intellectuel et moral de l'Ingénu en prison, Voltaire affronte des problèmes de construction romanesque : répartition de la matière en chapitres ; organisation interne des chapitres ; soudure avec le reste de l'histoire ; risque d'uniformité et d'enlisement dans le sérieux et l'abstraction, etc. Comment tente-t-il de les résoudre ? Vous examinerez notamment selon quelle(s) logique(s) se fait la division en quatre chapitres ; si la structure de dialogue se reproduit ou pas à l'identique ; si l'on peut déceler un principe de progression et/ou de dramatisation capable d'animer la découverte et l'approfondissement des choses de l'esprit ; si la situation romanesque est oubliée au profit de l'exposé des idées, etc.

Étudiez, sur quelques passages, l'utilisation du récit, du dialogue, du discours direct et indirect (voir p. 192), la chute et l'attaque des chapitres, l'évocation de la prison, les rappels de Mlle de Saint-Yves, les interventions du narrateur.

2. Initié aux élans du cœur par Mlle de Saint-Yves, l'Ingénu découvre la culture avec Gordon : en quoi ce dernier prend-il de la sorte la suite du prieur, et en quoi s'en distingue-t-il ? Est-il seulement le porte-parole du jansénisme, comme le pasteur de Saumur se contentait d'exprimer les idées de l'auteur sur l'édit de Nantes ? Remplit-il seulement le rôle archétypique (voir p. 192) du sage vieillard chargé d'expliquer et d'éclairer ? Que lui manque-t-il, en quoi se trompe-t-il ? Ses carences sont-elles celles d'un individu particulier ? du janséniste ? du chrétien ? du croyant ? Quelle est la différence, selon Voltaire, entre un « savant » et un « philosophe » ?

3. Ces quatre chapitres font comme une traversée de la philosophie voltairienne, c'est-à-dire de tout ce qui touche aux œuvres et au destin de l'homme : métaphysique, religion, histoire, littérature, sentiments... Quel grand domaine manque-t-il, auquel Voltaire s'intéresse activement (en pratique et en théorie : voir *l'Homme aux quarante écus*) ? Peut-on en deviner la raison dans la logique du roman ?

4. Le dialogue des deux personnages, leur éducation réciproque transforment cette leçon de philosophie en procès dynamique et contradictoire, liant constamment l'affirmation positive et la critique.

Ne conviendrait-il pas alors de penser la philosophie de ces chapitres à travers des notions couplées : métaphysique et philosophie ; religion et raison ; cœur et esprit ; nature et culture ; génie et goût ; audace et modération ; ignorance et savoir, etc. ? Laquelle de ces relations (ou une autre) vous paraît ici la plus pertinente ?

Ce qui touche l'amitié, l'amour, la sensibilité artistique a-t-il selon vous, dans ces chapitres, un rapport étroit avec ce que Voltaire entend par « philosophie » et « philosophe », ou bien s'agit-il seulement du tribut versé au genre romanesque et au style sentimental de ce roman ? Justifiez votre réponse.

5. La défense et illustration de la philosophie est sans doute chose sérieuse, puisque le romancier lui consacre quatre chapitres et transforme la Bastille en bibliothèque, en miroir de la culture humaine et des progrès de l'esprit humain à travers l'histoire (retracer les progrès de l'esprit humain et ses obstacles, voilà précisément la définition de l'« histoire philosophique » au sens des Lumières, par opposition à l'histoire érudite ou anecdotique).

Mais le sérieux du propos ainsi que sa haute valeur symbolique excluent-ils toute manifestation du comique (esprit, ironie, satire, etc.) ? Et, si comique il y a, est-il sans rapport avec la philosophie, sinon avec nos deux prisonniers, qui, en bons héros voltairiens, pratiquent plutôt l'esprit de sérieux ?

Chapitre XV

La belle Saint-Yves résiste
à des propositions délicates

La belle Saint-Yves, plus tendre encore que son amant, alla donc chez M. de Saint-Pouange, accompagnée de l'amie chez qui elle logeait, toutes deux cachées dans leurs coiffes[1]. La première chose qu'elle vit à la porte ce fut l'abbé de Saint-Yves, son frère,
5 qui en sortait. Elle fut intimidée ; mais la dévote amie la rassura. « C'est précisément parce qu'on a parlé contre vous qu'il faut que vous parliez. Soyez sûre que dans ce pays les accusateurs ont toujours raison si on ne se hâte de les confondre. Votre présence d'ailleurs, ou je me trompe fort, fera plus d'effet que les
10 paroles de votre frère. »

Pour peu qu'on encourage une amante passionnée, elle est intrépide. La Saint-Yves se présente à l'audience[2]. Sa jeunesse, ses charmes, ses yeux tendres, mouillés de quelques pleurs, attirèrent tous les regards. Chaque courtisan du
15 sous-ministre oublia un moment l'idole du pouvoir pour contempler celle de la beauté. Le Saint-Pouange la fit entrer dans un cabinet[3] ; elle parla avec attendrissement et avec grâce. Saint-Pouange se sentit touché. Elle tremblait, il la rassura. « Revenez ce soir, lui dit-il ; vos affaires méritent qu'on

---

1. *Coiffes :* « Ajustement de tête en toile ou en tissu léger, autrefois à l'usage de toutes les femmes » (Dictionnaire Littré).
2. *Audience :* réception où l'on écoute ceux qui ont à nous parler.
3. *Cabinet :* petite pièce retirée.

20 y pense et qu'on en parle à loisir. Il y a ici trop de monde. On
expédie les audiences trop rapidement. Il faut que je vous
entretienne à fond de tout ce qui vous regarde. » Ensuite, ayant
fait l'éloge de sa beauté et de ses sentiments, il lui recommanda
de venir à sept heures du soir.

25 Elle n'y manqua pas ; la dévote amie l'accompagna encore,
mais elle se tint dans le salon, et lut le *Pédagogue chrétien*[1],
pendant que le Saint-Pouange et la belle Saint-Yves étaient dans
l'arrière-cabinet. « Croiriez-vous bien, mademoiselle, lui dit-il
d'abord, que votre frère est venu me demander une lettre de

30 cachet contre vous ? En vérité j'en expédierais plutôt une pour le
renvoyer en Basse-Bretagne. — Hélas ! monsieur, on est donc
bien libéral[2] de lettres de cachet dans vos bureaux, puisqu'on en
vient solliciter du fond du royaume, comme des pensions ? Je
suis bien loin d'en demander une contre mon frère. J'ai

35 beaucoup à me plaindre de lui, mais je respecte la liberté des
hommes ; je demande celle d'un homme que je veux épouser,
d'un homme à qui le roi doit la conservation d'une province, qui
peut le servir utilement, et qui est fils d'un officier tué à son
service. De quoi est-il accusé ? Comment a-t-on pu le traiter si

40 cruellement sans l'entendre ? »

Alors le sous-ministre lui montra la lettre du jésuite espion et
celle du perfide bailli. « Quoi ! il y a de pareils monstres sur la
terre ! et on veut me forcer ainsi à épouser le fils ridicule d'un
homme ridicule et méchant ! et c'est sur de pareils avis qu'on

45 décide ici de la destinée des citoyens ! » Elle se jeta à genoux, elle
demanda avec des sanglots la liberté du brave homme qui
l'adorait. Ses charmes dans cet état parurent dans leur plus grand
avantage. Elle était si belle que le Saint-Pouange, perdant toute
honte, lui insinua qu'elle réussirait si elle commençait par lui

---

1. *Pédagogue chrétien* : ouvrage pieux d'Outreman (1585-1652) en deux
volumes, paru d'abord en latin.

2. *Libéral* : généreux. On n'est pas économe, avare de lettres de cachet.

donner les prémices[1] de ce qu'elle réservait à son amant. La
Saint-Yves, épouvantée et confuse, feignit longtemps de ne le
pas entendre ; il fallut s'expliquer plus clairement. Un mot lâché
d'abord avec retenue en produisait un plus fort, suivi d'un autre
plus expressif. On offrit non seulement la révocation de la lettre
de cachet, mais des récompenses, de l'argent, des honneurs, des
établissements[2], et plus on promettait, plus le désir de n'être pas
refusé augmentait.

La Saint-Yves pleurait, elle était suffoquée, à demi renversée
sur un sopha, croyant à peine ce qu'elle voyait, ce qu'elle
entendait. Le Saint-Pouange, à son tour, se jeta à ses genoux. Il
n'était pas sans agréments, et aurait pu ne pas effaroucher un
cœur moins prévenu[3]. Mais Saint-Yves adorait son amant et
croyait que c'était un crime horrible de le trahir pour le servir.
Saint-Pouange redoublait les prières et les promesses. Enfin, la
tête lui tourna au point qu'il lui déclara que c'était le seul moyen
de tirer de sa prison l'homme auquel elle prenait un intérêt si
violent et si tendre. Cet étrange entretien se prolongeait. La
dévote de l'antichambre, en lisant son *Pédagogue chrétien,* disait :
« Mon Dieu ! que peuvent-ils faire là depuis deux heures ?
Jamais Mgr de Saint-Pouange n'a donné une si longue audience ;
peut-être qu'il a tout refusé à cette pauvre fille, puisqu'elle le
prie encore. »

Enfin sa compagne sortit de l'arrière-cabinet, tout éperdue,
sans pouvoir parler, réfléchissant profondément sur le caractère
des grands[4] et des demi-grands qui sacrifient si légèrement la
liberté des hommes et l'honneur des femmes.

---

1. *Les prémices* : dans l'Antiquité, les premiers fruits de la terre, les premiers
animaux nés du troupeau, offerts à la divinité. Ici, la périphrase désigne
évidemment la virginité de la jeune fille.
2. *Des établissements* : une situation intéressante, une belle position sociale.
3. *Prévenu* : qui a par avance des dispositions favorables ou défavorables à
l'égard de quelqu'un, de quelque chose.
4. *Grands* : les grands de ce monde, placés au sommet de la hiérarchie sociale.

Elle ne dit pas un mot pendant tout le chemin. Arrivée chez l'amie, elle éclata, elle lui conta tout. La dévote fit de grands signes de croix : « Ma chère amie, il faut consulter dès demain le
80 père Tout-à-tous, notre directeur[1] ; il a beaucoup de crédit[2] auprès de M. de Saint-Pouange ; il confesse plusieurs servantes de sa maison ; c'est un homme pieux et accommodant, qui dirige aussi des femmes de qualité[3]. Abandonnez-vous à lui, c'est ainsi que j'en use ; je m'en suis toujours bien trouvée. Nous
85 autres, pauvres femmes, nous avons besoin d'être conduites par un homme. — Eh bien, donc ! ma chère amie, j'irai trouver demain le père Tout-à-tous. »

---

1. *Directeur :* directeur de conscience, chargé de guider les âmes sur les chemins de la piété.
2. *Crédit :* influence.
3. *Femmes de qualité :* femmes de la noblesse.

Chapitre XVI

Elle consulte un jésuite

Dès que la belle et désolée Saint-Yves fut avec son bon confesseur, elle lui confia qu'un homme puissant et voluptueux lui proposait de faire sortir de prison celui qu'elle devait épouser légitimement, et qu'il demandait un grand prix de son service ;
5 qu'elle avait une répugnance horrible pour une telle infidélité, et que, s'il ne s'agissait que de sa propre vie, elle la sacrifierait plutôt que de succomber.

« Voilà un abominable pécheur ! lui dit le père Tout-à-tous. Vous devriez bien me dire le nom de ce vilain homme ; c'est à
10 coup sûr quelque janséniste ; je le dénoncerai à Sa Révérence le père de La Chaise, qui le fera mettre dans le gîte où est à présent la chère personne que vous devez épouser. »

La pauvre fille, après un long embarras et de grandes irrésolutions, lui nomma enfin Saint-Pouange.

15 « Mgr de Saint-Pouange ! s'écria le jésuite ; ah ! ma fille, c'est tout autre chose ; il est cousin du plus grand ministre que nous ayons jamais eu, homme de bien, protecteur de la bonne cause, bon chrétien ; il ne peut avoir eu une telle pensée, il faut que vous ayez mal entendu. — Ah ! mon père, je n'ai entendu que
20 trop bien ; je suis perdue quoi que je fasse ; je n'ai que le choix du malheur et de la honte ; il faut que mon amant reste enseveli tout vivant, ou que je me rende indigne de vivre. Je ne puis le laisser périr, et je ne puis le sauver. »

Le père Tout-à-tous tâcha de la calmer par ces douces
25 paroles :

« Premièrement, ma fille, ne dites jamais ce mot, *mon amant* ; il a quelque chose de mondain[1] qui pourrait offenser Dieu. Dites : *mon mari ;* car, bien qu'il ne le soit pas encore, vous le regardez comme tel, et rien n'est plus honnête[2].

30 « Secondement, bien qu'il soit votre époux en idée, en espérance, il ne l'est pas en effet : ainsi vous ne commettriez pas un adultère, péché énorme qu'il faut toujours éviter autant qu'il est possible.

« Troisièmement, les actions ne sont pas d'une malice de
35 coulpe[3] quand l'intention est pure ; et rien n'est plus pur que de délivrer votre mari.

« Quatrièmement, vous avez des exemples dans la sainte antiquité qui peuvent merveilleusement servir à votre conduite. Saint Augustin rapporte que, sous le proconsulat de Septimius
40 Acindynus, en l'an 340 de notre salut, un pauvre homme, ne pouvant payer à César ce qui appartenait à César, fut condamné à la mort, comme il est juste, malgré la maxime : *Où il n'y a rien le roi perd ses droits.* Il s'agissait d'une livre d'or ; le condamné avait une femme en qui Dieu avait mis la beauté et la prudence. Un
45 vieux richard promit de donner une livre d'or, et même plus, à la dame, à condition qu'il commettrait avec elle le péché immonde. La dame ne crut point mal faire en sauvant la vie à son mari. Saint Augustin approuve fort sa généreuse résignation. Il est vrai que le vieux richard la trompa, et peut-être même son mari n'en
50 fut pas moins pendu ; mais elle avait fait tout ce qui était en elle[4] pour sauver sa vie.

---

1. *Mondain :* qui appartient au monde profane, aux choses de la terre (vocabulaire religieux).
2. *Honnête :* décent, convenable.
3. *Malice de coulpe :* « On peut dire en général que la malice désigne mal faire, mal agir, et la malignité l'inclination à faire le mal » (Dictionnaire Littré). Coulpe est un terme théologique : souillure du péché qui fait perdre la grâce. Dans le langage des directeurs de conscience d'inspiration jésuite, une action mauvaise n'a pas assez de malice pour entraîner la perte de la grâce (coulpe), si l'intention est bonne.
4. *Tout ce qui était en elle :* tout ce qui dépendait d'elle.

« Soyez sûre, ma fille, que, quand un jésuite vous cite saint Augustin, il faut bien que ce saint ait pleinement raison[1]. Je ne vous conseille rien ; vous êtes sage ; il est à présumer que vous serez utile à votre mari. Mgr de Saint-Pouange est un honnête homme, il ne vous trompera pas ; c'est tout ce que je puis vous dire ; je prierai Dieu pour vous, et j'espère que tout se passera à sa plus grande gloire[2]. »

La belle Saint-Yves, non moins effrayée des discours du jésuite que des propositions du sous-ministre, s'en retourna éperdue chez son amie. Elle était tentée de se déliver par la mort de l'horreur de laisser dans une captivité affreuse l'amant qu'elle adorait, et de la honte de le délivrer au prix de ce qu'elle avait de plus cher, et qui ne devait appartenir qu'à cet amant infortuné.

---

1. *Raison :* saint Augustin servait de référence majeure aux jansénistes dans leur querelle théologique avec leurs adversaires.
2. *Sa plus grande gloire :* le père Tout-à-tous termine sur la devise des jésuites : *Ad majorem Dei gloriam,* « Pour la plus grande gloire de Dieu » (A.M.D.G.).

Chapitre XVII

Elle succombe par vertu

Elle priait son amie de la tuer ; mais cette femme, non moins indulgente que le jésuite, lui parla plus clairement encore. « Hélas ! dit-elle, les affaires ne se font guère autrement dans cette cour si aimable, si galante et si renommée. Les places les plus médiocres et les plus considérables n'ont souvent été données qu'au prix qu'on exige de vous. Écoutez, vous m'avez inspiré de l'amitié et de la confiance ; je vous avouerai que, si j'avais été aussi difficile[1] que vous l'êtes, mon mari ne jouirait pas du petit poste qui le fait vivre ; il le sait, et loin d'en être fâché, il voit en moi sa bienfaitrice, et il se regarde comme ma créature[2]. Pensez-vous que tous ceux qui ont été à la tête des provinces, ou même des armées, aient dû leurs honneurs et leur fortune à leurs seuls services ? Il en est qui en sont redevables à mesdames leurs femmes. Les dignités de la guerre ont été sollicitées par l'amour ; et la place a été donnée au mari de la plus belle.

« Vous êtes dans une situation bien plus intéressante[3] : il s'agit de rendre votre amant au jour et de l'épouser ; c'est un devoir sacré qu'il vous faut remplir. On n'a point blâmé les belles et les

---

1. *Difficile* : d'une délicatesse aussi exigeante.
2. *Créature* : « Personne qu'on a gagnée pour des bienfaits, des présents, et qu'on protège par son crédit » (Dictionnaire Littré). Le terme a aussi un sens théologique : il désigne l'homme, par opposition à Dieu.
3. *Intéressante* : l'adjectif a sans doute ici une valeur fréquente au XVIIIe siècle, « touchante ».

20 grandes dames dont je vous parle ; on vous applaudira[1], on dira
que vous ne vous êtes permis une faiblesse que par un excès de
vertu.

— Ah ! quelle vertu ! s'écria la belle Saint-Yves ; quel
labyrinthe d'iniquités ! quel pays ! et que j'apprends à connaître
25 les hommes ! Un père de La Chaise et un bailli ridicule font
mettre mon amant en prison ; ma famille me persécute ; on ne
me tend la main dans mon désastre que pour me déshonorer. Un
jésuite a perdu un brave homme, un autre jésuite veut me
perdre ; je ne suis entourée que de pièges, et je touche au
30 moment de tomber dans la misère[2] ! Il faut que je me tue ou que
je parle au roi ; je me jetterai à ses pieds sur son passage, quand il
ira à la messe ou à la comédie[3].

— On ne vous laissera pas approcher, lui dit sa bonne amie ;
et, si vous aviez le malheur de parler, mons de Louvois et le
35 révérend père de La Chaise pourraient vous enterrer dans le fond
d'un couvent pour le reste de vos jours. »

Tandis que cette brave personne augmentait ainsi les
perplexités de cette âme désespérée et enfonçait le poignard
dans son cœur, arrive un exprès[4] de M. de Saint-Pouange avec
40 une lettre et deux beaux pendants d'oreilles. Saint-Yves rejeta le
tout en pleurant, mais l'amie s'en chargea.

Dès que le messager fut parti, notre confidente lit la lettre dans
laquelle on propose un petit souper aux deux amies pour le soir.
Saint-Yves jure qu'elle n'ira point. La dévote veut lui essayer les
45 deux boucles de diamants ; Saint-Yves ne le put souffrir, elle
combattit la journée entière. Enfin, n'ayant en vue que son
amant, vaincue, entraînée, ne sachant où on la mène, elle se
laisse conduire au souper fatal. Rien n'avait pu la déterminer à se

---

1. *Applaudira* : approuvera.
2. *La misère* : le malheur.
3. *À la comédie* : au théâtre.
4. *Exprès* : messager.

Illustration de *l'Ingénu*. Gravure de Moreau le Jeune, 1786.
B.N., Paris.

parer de ses pendants d'oreilles ; la confidente les apporta, elle
50 les lui ajusta malgré elle avant qu'on se mît à table. Saint-Yves
était si confuse, si troublée, qu'elle se laissait tourmenter ; et le
patron en tirait un augure[1] très favorable. Vers la fin du repas, la
confidente se retira discrètement. Le patron montra alors la
révocation de la lettre de cachet, le brevet[2] d'une gratification
55 considérable, celui d'une compagnie, et n'épargna pas les
promesses. « Ah ! lui dit Saint-Yves, que je vous aimerais si vous
ne vouliez pas être tant aimé ! »

Enfin, après une longue résistance, après des sanglots, des cris,
des larmes, affaiblie du combat, éperdue, languissante, il fallut se
60 rendre. Elle n'eut d'autre ressource que de se promettre de ne
penser qu'à l'Ingénu tandis que le cruel jouirait impitoyablement
de la nécessité où elle était réduite.

---

1. *Augure* : présage.
2. *Brevet* : brevet d'une compagnie, « Acte non scellé qu'expédiait un
secrétaire d'État et par lequel le roi accordait un don, une pension, une grâce, un
bénéfice ou un titre de dignité » (Dictionnaire Littré). Il s'agit ici du droit de
commander en tant que capitaine d'une compagnie.

Affaiblie du combat, éperdue, languissante, il fallut se rendre.
Gravure de Moreau le Jeune pour l'*Ingénu*.

Chapitre XVIII

Elle délivre son amant et un janséniste

AU POINT DU JOUR, elle vole à Paris, munie de l'ordre du ministre. Il est difficile de peindre ce qui se passait dans son cœur pendant ce voyage. Qu'on imagine une âme vertueuse et noble, humiliée de son opprobre[1], enivrée de tendresse, déchirée des remords
5 d'avoir trahi son amant, pénétrée du plaisir de délivrer ce qu'elle adore. Ses amertumes, ses combats, son succès, partageaient toutes ses réflexions. Ce n'était plus cette fille simple dont une éducation provinciale avait rétréci les idées. L'amour et le malheur l'avaient formée. Le sentiment avait fait autant de
10 progrès en elle que la raison en avait fait dans l'esprit de son amant infortuné. Les filles apprennent à sentir plus aisément que les hommes n'apprennent à penser. Son aventure était plus instructive que quatre ans de couvent.

Son habit était d'une simplicité extrême. Elle voyait avec
15 horreur les ajustements sous lesquels elle avait paru devant son funeste bienfaiteur ; elle avait laissé ses boucles de diamants à sa compagne sans même les regarder. Confuse et charmée, idolâtre de l'Ingénu et se haïssant elle-même, elle arrive enfin à la porte.

20   *De cet affreux château, palais de la vengeance,*
     Qui renferma souvent le crime et l'innocence[2].

---

1. *Opprobre* : honte.
2. Ces deux vers viennent de *la Henriade*, poème épique de Voltaire, chant IV (1727, pour l'édition définitive).

Quand il fallut descendre du carrosse, les forces lui manquèrent ; on l'aida ; elle entra, le cœur palpitant, les yeux humides, le front consterné. On la présente au gouverneur ; elle veut lui parler, sa voix expire ; elle montre son ordre en articulant
25 à peine quelques paroles. Le gouverneur aimait son prisonnier ; il fut très aise de sa délivrance. Son cœur n'était pas endurci comme celui de quelques honorables geôliers ses confrères, qui, ne pensant qu'à la rétribution attachée à la garde de leurs captifs, fondant leurs revenus sur leurs victimes, et vivant du malheur
30 d'autrui, se faisaient en secret une joie affreuse des larmes des infortunés.

Il fait venir le prisonnier dans son appartement. Les deux amants se voient, et tous deux s'évanouissent. La belle Saint-Yves resta longtemps sans mouvement et sans vie : l'autre
35 rappela bientôt son courage[1]. « C'est apparemment là madame votre femme, lui dit le gouverneur ; vous ne m'aviez point dit que vous fussiez marié. On me mande[2] que c'est à ses soins généreux[3] que vous devez votre délivrance. — Ah ! je ne suis pas digne d'être sa femme », dit la belle Saint-Yves d'une voix
40 tremblante, et elle retomba encore en faiblesse.

Quand elle eut repris ses sens, elle présenta, toujours tremblante, le brevet de la gratification et la promesse par écrit d'une compagnie. L'Ingénu, aussi étonné qu'attendri, s'éveillait d'un songe pour retomber dans un autre. « Pourquoi ai-je été
45 enfermé ici ? comment avez-vous pu m'en tirer ? où sont les monstres qui m'y ont plongé ? Vous êtes une divinité qui descendez du ciel à mon secours. »

La belle Saint-Yves baissait la vue, regardait son amant, rougissait, et détournait, le moment d'après, ses yeux mouillés
50 de pleurs. Elle lui apprit enfin tout ce qu'elle savait et tout ce

---

1. *Courage :* fermeté d'âme.
2. *On me mande :* on me fait savoir.
3. *Généreux :* dignes d'un grand cœur, d'une âme noble et courageuse.

qu'elle avait éprouvé, excepté ce qu'elle aurait voulu se cacher pour jamais, et ce qu'un autre que l'Ingénu, plus accoutumé au monde et plus instruit des usages de la cour, aurait deviné facilement.

55 « Est-il possible qu'un misérable comme ce bailli ait eu le pouvoir de me ravir ma liberté ? Ah ! je vois bien qu'il en est des hommes comme des plus vils animaux ; tous peuvent nuire. Mais est-il possible qu'un moine, un jésuite confesseur du roi, ait contribué à mon infortune autant que ce bailli, sans que je
60 puisse imaginer sous quel prétexte ce détestable fripon m'a persécuté ? M'a-t-il fait passer pour un janséniste ? Enfin, comment vous êtes-vous souvenue de moi ? Je ne le méritais pas, je n'étais alors qu'un sauvage. Quoi ! vous avez pu, sans conseil, sans secours, entreprendre le voyage de Versailles ! Vous
65 y avez paru, et on a brisé mes fers ! Il est donc dans la beauté et dans la vertu un charme invincible qui fait tomber les portes de fer et qui amollit les cœurs de bronze ! »

À ce mot de *vertu,* des sanglots échappèrent à la belle Saint-Yves. Elle ne savait pas combien elle était vertueuse dans
70 le crime qu'elle se reprochait.

Son amant continua ainsi : « Ange qui avez rompu mes liens, si vous avez eu (ce que je ne comprends pas encore) assez de crédit pour me faire rendre justice, faites-la donc rendre aussi à un vieillard qui m'a le premier appris à penser, comme vous
75 m'avez appris à aimer. La calamité nous a unis ; je l'aime comme un père, je ne peux vivre ni sans vous ni sans lui.

— Moi ! que je sollicite le même homme qui... ! — Oui, je veux tout vous devoir, et je ne veux devoir jamais rien qu'à vous : écrivez à cet homme puissant, comblez-moi de vos bienfaits,
80 achevez ce que vous avez commencé, achevez vos prodiges. »
Elle sentait qu'elle devait faire tout ce que son amant exigeait. Elle voulut écrire, sa main ne pouvait obéir. Elle recommença trois fois sa lettre, la déchira trois fois ; elle écrivit enfin, et les deux amants sortirent après avoir embrassé le vieux martyr de la
85 grâce efficace.

122

L'heureuse et désolée Saint-Yves savait dans quelle maison logeait son frère ; elle y alla ; son amant prit un appartement dans la même maison.

À peine y furent-ils arrivés que son protecteur lui envoya
90 l'ordre de l'élargissement[1] du bonhomme Gordon, et lui demanda un rendez-vous pour le lendemain. Ainsi, à chaque action honnête et généreuse qu'elle faisait, son déshonneur en était le prix. Elle regardait avec exécration cet usage de vendre le malheur et le bonheur des hommes. Elle donna l'ordre de
95 l'élargissement à son amant, et refusa le rendez-vous d'un bienfaiteur qu'elle ne pouvait plus voir sans expirer de douleur et de honte. L'Ingénu ne pouvait se séparer d'elle que pour aller délivrer un ami. Il y vola. Il remplit ce devoir en réfléchissant sur les étranges événements de ce monde, et en admirant la vertu
100 courageuse d'une jeune fille à qui deux infortunés devaient plus que la vie.

---

1. *Élargissement :* mise en liberté.

Chapitres XIII, XV, XVI, XVII, XVIII

LE PARTAGE DES FEMMES

1. Aux quatre chapitres qui développent l'esprit du Huron et perfectionnent sa nature trop longtemps stérilisée, répondent donc les cinq chapitres qui font de Mlle de Saint-Yves, à son tour, une héroïne à part entière, avant son apothéose finale.

Voltaire avait scandé le voyage de l'Ingénu en deux moments (chapitres VIII et IX), en jouant sur trois tonalités (sérieuse, comique, dramatique) : comment traite-t-il cette fois-ci le motif du voyage (chap. XIII) ? Comment exploite-t-il le ressort de la répétition impliqué dans ce retour d'une même situation romanesque ?

2. L'Ingénu réclamait véhémentement qu'on récompensât ses services, et il se retrouvait en prison sur dénonciation. L'ironie sourde du romancier veut que la belle Saint-Yves échappe à la lettre de cachet, mais qu'on lui réclame aussi une récompense pour service rendu, et qu'elle expose à son tour son corps sur le champ de la bataille sociale.

Le Huron refusait d'acheter le droit de commander une compagnie, qu'il considérait comme un dû ; la belle Saint-Yves est mise en demeure d'acheter, au prix de sa vertu, ce qu'on devrait ou pourrait considérer comme un dû : le respect de « la liberté des hommes », la justice, l'utilité du royaume, etc.

Le thème des « infortunes de la vertu », si cultivé par les romanciers des Lumières et poussé par Sade jusqu'au satanisme le plus violent ou la parodie la plus monstrueuse (*Justine ou les Malheurs de la vertu*, 1791), concerne au fond l'Ingénu autant que Mlle de Saint-Yves. Mais cette logique commune de leurs deux parcours, qui fait la cohérence esthétique et la force critique du récit, ne doit pas masquer la profonde différence des sexes et des rôles qui leur reviennent dans la société et le roman de l'âge classique. L'Ingénu perfectionne sa nature d'homme dans la solitude d'une prison, dans la méditation des livres et des pensées, dans l'exercice critique, entre hommes, de la raison.

Par où, comment, dans quel champ d'action Mlle de Saint-Yves, exclue de la métaphysique, du raisonnement sur les livres et l'histoire, perfectionne-t-elle son génie naturel ?

3. Les infortunes de la vertu (toujours féminine...) offrent de redoutables tentations à l'ironie, d'une part, et d'autre part (comme actuellement la représentation du viol) à l'alliance sournoise de la condamnation morale et de la complicité voyeuriste. L'imaginaire des Lumières ne se trouble jamais plus délicieusement que dans ces ambiguïtés savamment cultivées, où la femme romanesque se perd au service des valeurs.

Comment Voltaire vous paraît-il traiter ici ce thème typique du roman des Lumières ? Sur le mode goguenard ou en lui conservant une tonalité sérieuse, voire pathétique (voir p. 194) ? Néglige-t-il toute suggestion érotique ? Arrive-t-il au narrateur d'exprimer son point de vue sur le drame qui déchire le personnage, ou bien ne le suggère-t-il qu'à travers la tonalité de son récit ?

On a vu jusqu'ici combien Voltaire tenait à ne jamais oublier le registre comique : qu'en est-il dans les trois chapitres consacrés à ce thème « délicat » ? Le romancier cherche-t-il à séparer soigneusement comique et pathétique ? S'ils sont parfois juxtaposés (où ? comment ?), s'affaiblissent-ils ou se détruisent-ils l'un l'autre, ou bien se renforcent-ils de la force même de leur écart, comme il arrive des couleurs en peinture ?

Chapitre XIX

L'Ingénu, la belle Saint-Yves
et leurs parents sont rassemblés

La GÉNÉREUSE et respectable infidèle était avec son frère l'abbé de Saint-Yves, le bon prieur de la Montagne et la dame de Kerkabon. Tous étaient également étonnés, mais leurs situations et leurs sentiments étaient bien différents. L'abbé de Saint-Yves
5 pleurait ses torts aux pieds de sa sœur, qui lui pardonnait. Le prieur et sa tendre sœur pleuraient aussi, mais de joie. Le vilain bailli et son insupportable fils ne troublaient point cette scène touchante : ils étaient partis au premier bruit de l'élargissement de leur ennemi ; ils couraient ensevelir dans leur province leur
10 sottise et leur crainte.

Les quatre personnages, agités de cent mouvements divers, attendaient que le jeune homme revînt avec l'ami qu'il devait délivrer. L'abbé de Saint-Yves n'osait lever les yeux devant sa sœur ; la bonne Kerkabon disait : « Je reverrai donc mon cher
15 neveu. — Vous le reverrez, dit la charmante Saint-Yves, mais ce n'est plus le même homme ; son maintien, son ton, ses idées, son esprit, tout est changé ; il est devenu aussi respectable qu'il était naïf et étranger à tout. Il sera l'honneur et la consolation de votre famille ; que ne puis-je être aussi l'honneur
20 de la mienne ! — Vous n'êtes point non plus la même, dit le prieur, que vous est-il donc arrivé qui ait fait en vous un si grand changement ? »

Au milieu de cette conversation, l'Ingénu arrive, tenant par la main son janséniste. La scène alors devint plus neuve et
25 plus intéressante. Elle commença par les tendres embrassements

Illustration pour *l'Ingénu*. Gravure de 1770-1795 d'après un dessin de
Charles Monnet.

de l'oncle et de la tante. L'abbé de Saint-Yves se mettait presque aux genoux de l'Ingénu, qui n'était plus l'*ingénu*. Les deux amants se parlaient par des regards qui exprimaient tous les sentiments dont ils étaient pénétrés. On voyait
30 éclater la satisfaction, la reconnaissance, sur le front de l'un ; l'embarras était peint dans les yeux tendres et un peu égarés de l'autre. On était étonné qu'elle mêlât de la douleur à tant de joie.

Le vieux Gordon devint en peu de moments cher à toute la
35 famille. Il avait été malheureux avec le jeune prisonnier, et c'était un grand titre. Il devait sa délivrance aux deux amants, cela seul le réconciliait avec l'amour ; l'âpreté[1] de ses anciennes opinions sortait de son cœur ; il était changé en homme, ainsi que le Huron. Chacun raconta ses aventures avant le souper. Les deux
40 abbés, la tante, écoutaient comme des enfants qui entendent des histoires de revenants, et comme des hommes qui s'intéressaient tous à tant de désastres. « Hélas ! dit Gordon, il y a peut-être plus de cinq cents personnes vertueuses qui sont à présent dans les mêmes fers que Mlle de Saint-Yves a brisés :
45 leurs malheurs sont inconnus. On trouve assez de mains qui frappent sur la foule des malheureux, et rarement une secourable. » Cette réflexion si vraie augmentait sa sensibilité et sa reconnaissance ; tout redoublait le triomphe de la belle Saint-Yves ; on admirait la grandeur et la fermeté de son âme.
50 L'admiration était mêlée de ce respect qu'on sent malgré soi pour une personne qu'on croit avoir du crédit à la cour. Mais l'abbé de Saint-Yves disait quelquefois : « Comment ma sœur a-t-elle pu faire pour obtenir sitôt ce crédit ? »

On allait se mettre à table de très bonne heure. Voilà que la
55 bonne amie de Versailles arrive sans rien savoir de tout ce qui s'était passé ; elle était en carrosse à six chevaux, et on voit bien à

---

1. *L'âpreté* : la dureté, la sévérité.

qui appartenait l'équipage. Elle entre avec l'air imposant d'une
personne de cour qui a de grandes affaires, salue très légèrement
la compagnie, et, tirant la belle Saint-Yves à l'écart :
60 « Pourquoi vous faire tant attendre ? Suivez-moi ; voilà vos
diamants que vous aviez oubliés. » Elle ne put dire ces paroles si
bas que l'Ingénu ne les entendit ; il vit les diamants ; le frère fut
interdit[1] ; l'oncle et la tante n'éprouvèrent qu'une surprise de
bonnes gens qui n'avaient jamais vu une telle magnificence.
65 Le jeune homme, qui s'était formé par un an de réflexions, en fit
malgré lui, et parut troublé un moment. Son amante s'en
aperçut ; une pâleur mortelle se répandit sur son beau visage,
un frisson la saisit, elle se soutenait à peine. « Ah ! madame,
dit-elle à la fatale amie, vous m'avez perdue ! vous me donnez
70 la mort ! » Ces paroles percèrent le cœur de l'Ingénu ; mais il
avait déjà appris à se posséder[2] ; il ne les releva point, de
peur d'inquiéter sa maîtresse devant son frère ; mais il pâlit
comme elle.

Saint-Yves, éperdue de l'altération qu'elle apercevait sur le
75 visage de son amant, entraîne cette femme hors de la chambre
dans un petit passage, jette les diamants à terre devant elle.
« Ah ! ce ne sont pas eux qui m'ont séduite, vous le savez ; mais
celui qui les a donnés ne me reverra jamais. » L'amie les
ramassait, et Saint-Yves ajoutait : « Qu'il les reprenne ou qu'il
80 vous les donne ; allez, ne me rendez plus honteuse de
moi-même. » L'ambassadrice enfin s'en retourna, ne pouvant
comprendre les remords dont elle était témoin.

La belle Saint-Yves, oppressée, éprouvant dans son corps une
révolution[3] qui la suffoquait, fut obligée de se mettre au lit ; mais
85 pour n'alarmer personne elle ne parla point de ce qu'elle
souffrait, et, ne prétextant que sa lassitude, elle demanda la

---

1. *Interdit :* étonné, troublé au point de ne pouvoir parler.
2. *Se posséder :* se maîtriser.
3. *Révolution :* bouleversement.

permission de prendre du repos ; mais ce fut après avoir rassuré
la compagnie[1] par des paroles consolantes et flatteuses, et jeté
sur son amant des regards qui portaient le feu dans son âme.

90 Le souper, qu'elle n'animait pas, fut triste dans le
commencement, mais de cette tristesse intéressante qui fournit
des conversations attachantes et utiles, si supérieures à la frivole
joie qu'on recherche, et qui n'est d'ordinaire qu'un bruit
importun.

95 Gordon fit en peu de mots l'histoire du jansénisme et du
molinisme[2], des persécutions dont un parti accablait l'autre, et
de l'opiniâtreté de tous les deux. L'Ingénu en fit la critique, et
plaignit les hommes qui, non contents de tant de discorde que
leurs intérêts allument, se font de nouveaux maux pour des
100 intérêts chimériques, et pour des absurdités inintelligibles.
Gordon racontait, l'autre jugeait ; les convives écoutaient avec
émotion et s'éclairaient d'une lumière nouvelle. On parla de la
longueur de nos infortunes et de la brièveté de la vie. On
remarqua que chaque profession a un vice et un danger qui lui
105 sont attachés, et que, depuis le prince jusqu'au dernier des
mendiants, tout semble accuser la nature. Comment se
trouve-t-il tant d'hommes qui, pour si peu d'argent, se font les
persécuteurs, les satellites[3], les bourreaux des autres hommes ?
Avec quelle indifférence inhumaine un homme en place signe la
110 destruction d'une famille, et avec quelle joie plus barbare des
mercenaires l'exécutent !

« J'ai vu dans ma jeunesse, dit le bonhomme Gordon, un
parent du maréchal de Marillac[4], qui, étant poursuivi dans sa

---

1. *La compagnie :* les personnes présentes.
2. *Molinisme :* doctrine théologique du père jésuite Molina (1536-1600),
cherchant à concilier la grâce divine et la liberté humaine. Le mot désigne le plus
souvent, comme ici, la doctrine des jésuites.
3. *Satellites :* hommes de main (terme péjoratif).
4. Richelieu le fit décapiter en 1632 (1573-1632).

province pour la cause de cet illustre malheureux, se cachait dans
115 Paris sous un nom supposé. C'était un vieillard de soixante et
douze ans. Sa femme, qui l'accompagnait, était à peu près de son
âge. Ils avaient eu un fils libertin[1] qui, à l'âge de quatorze ans,
s'était enfui de la maison paternelle ; devenu soldat, puis
déserteur, il avait passé par tous les degrés de la débauche et de la
120 misère ; enfin, ayant pris un nom de terre[2], il était dans les gardes
du cardinal de Richelieu (car ce prêtre, ainsi que Mazarin, avait
des gardes) ; il avait obtenu un bâton d'exempt[3] dans cette
compagnie de satellites. Cet aventurier fut chargé d'arrêter le
vieillard et son épouse, et s'en acquitta avec toute la dureté d'un
125 homme qui voulait plaire à son maître. Comme il les conduisait,
il entendit ces deux victimes déplorer la longue suite des
malheurs qu'elles avaient éprouvés depuis leur berceau. Le père
et la mère comptaient parmi leurs plus grandes infortunes les
égarements et la perte de leur fils. Il les reconnut ; il ne les
130 conduisit pas moins en prison, en les assurant que Son Éminence
devait être servie de préférence à tout. Son Éminence
récompensa son zèle.

« J'ai vu un espion du père de La Chaise trahir son propre frère,
dans l'espérance d'un petit bénéfice qu'il n'eut point ; et je l'ai vu
135 mourir, non de remords, mais de douleur d'avoir été trompé par
le jésuite.

« L'emploi de confesseur, que j'ai longtemps exercé, m'a fait
connaître l'intérieur des familles ; je n'en ai guère vu qui ne
fussent plongés dans l'amertume, tandis qu'au dehors couvertes
140 du masque du bonheur elles paraissaient nager dans la joie, et j'ai
toujours remarqué que les grands chagrins étaient le fruit de
notre cupidité effrénée.

---

1. *Libertin* : dissipé, d'une conduite déréglée.
2. *Nom de terre* : nom d'une propriété terrienne, pour changer son nom de
famille.
3. *Bâton d'exempt* : le bâton était l'insigne des officiers de police.

— Pour moi, dit l'Ingénu, je pense qu'une âme noble, reconnaissante et sensible peut vivre heureuse ; et je compte
145 bien jouir d'une félicité sans mélange avec la belle et généreuse Saint-Yves. Car je me flatte, ajouta-t-il, en s'adressant à son frère avec le sourire de l'amitié, que vous ne me refuserez pas, comme l'année passée, et que je m'y prendrai d'une manière plus décente. » L'abbé se confondit en excuses du passé et en
150 protestations d'un attachement éternel.

L'oncle Kerkabon dit que ce serait le plus beau jour de sa vie. La bonne tante, en s'extasiant et en pleurant de joie, s'écriait : « Je vous l'avais bien dit que vous ne seriez jamais sous-diacre ; ce sacrement-ci vaut mieux que l'autre[1], plût à
155 Dieu que j'en eusse été honorée ! mais je vous servirai de mère. » Alors ce fut à qui renchérirait sur les louanges de la tendre Saint-Yves.

Son amant avait le cœur trop plein de ce qu'elle avait fait pour lui, il l'aimait trop pour que l'aventure des diamants eût fait sur
160 son cœur une impression dominante. Mais ces mots qu'il avait trop entendus : *vous me donnez la mort,* l'effrayaient encore en secret et corrompaient toute sa joie, tandis que les éloges de sa belle maîtresse augmentaient encore son amour. Enfin on n'était plus occupé que d'elle ; on ne parlait que du bonheur que ces
165 deux amants méritaient ; on s'arrangeait pour vivre tous ensemble dans Paris, on faisait des projets de fortune et d'agrandissement, on se livrait à toutes ces espérances que la moindre lueur de félicité fait naître si aisément. Mais l'Ingénu, dans le fond de son cœur, éprouvait un sentiment secret qui
170 repoussait cette illusion. Il relisait ces promesses signées Saint-Pouange, et les brevets signés Louvois ; on lui dépeignit ces deux hommes tels qu'ils étaient, ou qu'on les croyait être. Chacun parla des ministres et du ministère avec cette liberté de

---

1. *Ce sacrement ... l'autre :* le sacrement du mariage vaut mieux que l'entrée dans les ordres.

table regardée en France comme la plus précieuse liberté qu'on
175 puisse goûter sur la terre.

« Si j'étais roi de France, dit l'Ingénu, voici le ministre de la
guerre que je choisirais : je voudrais un homme de la plus haute
naissance, par la raison qu'il donne des ordres à la noblesse.
J'exigerais qu'il eût été lui-même officier, qu'il eût passé par tous
180 les grades, qu'il fût au moins lieutenant général des armées, et
digne d'être maréchal de France ; car n'est-il pas nécessaire qu'il
ait servi lui-même pour mieux connaître les détails du service ?
et les officiers n'obéiront-ils pas avec cent fois plus d'allégresse à
un homme de guerre qui aura comme eux signalé son courage,
185 qu'à un homme de cabinet qui ne peut que deviner tout au plus
les opérations d'une campagne, quelque esprit qu'il puisse
avoir ? je ne serais pas fâché que mon ministre fût généreux,
quoique mon garde du trésor royal en fût quelquefois un peu
embarrassé. J'aimerais qu'il eût un travail facile, et que même il
190 se distinguât par cette gaieté d'esprit, partage d'un homme
supérieur aux affaires, qui plaît tant à la nation et qui rend tous
les devoirs moins pénibles. » Il désirait qu'un ministre eût ce
caractère parce qu'il avait toujours remarqué que cette belle
humeur est incompatible avec la cruauté.

195 Mons de Louvois n'aurait peut-être pas été satisfait des
souhaits de l'Ingénu : il avait une autre sorte de mérite.

Mais, pendant qu'on était à table, la maladie de cette fille
malheureuse prenait un caractère funeste ; son sang s'était
allumé, une fièvre dévorante s'était déclarée, elle souffrait, et ne
200 se plaignait point, attentive à ne pas troubler la joie des convives.

Son frère, sachant qu'elle ne dormait pas, alla au chevet de son
lit ; il fut surpris de l'état où elle était. Tout le monde accourut ;
l'amant se présentait à la suite du frère. Il était sans doute le plus
alarmé et le plus attendri de tous ; mais il avait appris à joindre la
205 discrétion à tous les dons heureux que la nature lui avait
prodigués, et le sentiment prompt des bienséances commençait
à dominer dans lui.

On fit venir aussitôt un médecin du voisinage. C'était un de

133

ceux qui visitent leurs malades en courant, qui confondent la
210 maladie qu'ils viennent de voir avec celle qu'ils voient, qui
mettent une pratique aveugle dans une science à laquelle toute la
maturité d'un discernement sain et réfléchi ne peut ôter son
incertitude et ses dangers. Il redoubla le mal par sa précipitation
à prescrire un remède alors à la mode. De la mode jusque dans la
215 médecine ! Cette manie était trop commune dans Paris.

   La triste Saint-Yves contribuait encore plus que son médecin à
rendre sa maladie dangereuse. Son âme tuait son corps. La foule
des pensées qui l'agitaient portait dans ses veines un poison plus
dangereux que celui de la fièvre la plus brûlante.

Chapitre XX

La belle Saint-Yves meurt, et ce qui en arrive

ON APPELA un autre médecin : celui-ci, au lieu d'aider la nature et de la laisser agir dans une jeune personne dans qui tous les organes rappelaient la vie, ne fut occupé que de contrecarrer son confrère. La maladie devint mortelle en deux jours. Le cerveau,
5 qu'on croit le siège de l'entendement, fut attaqué aussi violemment que le cœur, qui est, dit-on, le siège des passions.

Quelle mécanique incompréhensible a soumis les organes au sentiment et à la pensée ? comment une seule idée douloureuse dérange-t-elle le cours du sang, et comment le sang à son tour
10 porte-t-il ses irrégularités dans l'entendement humain ? quel est ce fluide inconnu et dont l'existence est certaine, qui, plus prompt, plus actif que la lumière, vole en moins d'un clin d'œil dans tous les canaux de la vie, produit les sensations, la mémoire, la tristesse ou la joie, la raison ou le vertige, rappelle
15 avec horreur ce qu'on voudrait oublier, et fait d'un animal pensant ou un objet d'admiration, ou un sujet de pitié et de larmes ?

C'était là ce que disait le bon Gordon ; et cette réflexion si naturelle, que rarement font les hommes, ne dérobait rien à son
20 attendrissement ; car il n'était pas de ces malheureux philosophes qui s'efforcent d'être insensibles. Il était touché du sort de cette jeune fille, comme un père qui voit mourir lentement son enfant chéri. L'abbé de Saint-Yves était désespéré, le prieur et sa sœur répandaient des ruisseaux de
25 larmes. Mais qui pourrait peindre l'état de son amant ? Nulle langue n'a des expressions qui répondent à ce comble des douleurs ; les langues sont trop imparfaites.

La tante, presque sans vie, tenait la tête de la mourante dans ses faibles bras, son frère était à genoux au pied du lit. Son amant
30 pressait sa main, qu'il baignait de pleurs, et éclatait en sanglots ; il la nommait sa bienfaitrice, son espérance, sa vie, la moitié de lui-même, sa maîtresse, son épouse. À ce mot d'*épouse,* elle soupira, le regarda avec une tendresse inexprimable, et soudain jeta un cri d'horreur ; puis, dans un de ces intervalles où
35 l'accablement et l'oppression des sens, et les souffrances suspendues[1], laissent à l'âme sa liberté et sa force, elle s'écria : « Moi, votre épouse ! Ah ! cher amant, ce nom, ce bonheur, ce prix, n'étaient plus faits pour moi ; je meurs, et je le mérite. Ô dieu de mon cœur ! ô vous que j'ai sacrifié à des démons
40 infernaux, c'en est fait, je suis punie, vivez heureux. » Ces paroles tendres et terribles ne pouvaient être comprises ; mais elles portaient dans tous les cœurs l'effroi et l'attendrissement ; elle eut le courage de s'expliquer. Chaque mot fit frémir d'étonnement, de douleur et de pitié tous les assistants. Tous se
45 réunissaient à détester l'homme puissant qui n'avait réparé une horrible injustice que par un crime, et qui avait forcé la plus respectable innocence à être sa complice.

« Qui ? vous, coupable ! lui dit son amant ; non, vous ne l'êtes pas ; le crime ne peut être que dans le cœur, le vôtre est à la vertu
50 et à moi. »

Il confirmait ce sentiment par des paroles qui semblaient ramener à la vie la belle Saint-Yves. Elle se sentit consolée, et s'étonnait d'être aimée encore. Le vieux Gordon l'aurait condamnée dans le temps qu'il n'était que janséniste ; mais étant
55 devenu sage, il l'estimait et il pleurait.

Au milieu de tant de larmes et de craintes, pendant que le danger de cette fille si chère remplissait tous les cœurs, que tout était consterné, on annonce un courrier de la cour. Un courrier ! et de qui ? et pourquoi ? C'était de la part du confesseur du roi

---

1. *Suspendues :* interrompues.

60 pour le prieur de la Montagne ; ce n'était pas le père de La Chaise
qui écrivait, c'était le frère Vadbled[1], son valet de chambre,
homme très important dans ce temps-là, lui qui mandait aux
archevêques les volontés du révérend père, lui qui donnait
audience, lui qui promettait des bénéfices, lui qui faisait
65 quelquefois expédier des lettres de cachet. Il écrivait à l'abbé de
la Montagne *que sa Révérence était informée des aventures de son*
neveu, que sa prison n'était qu'une méprise, que ces petites disgrâces
arrivaient fréquemment, qu'il ne fallait pas y faire attention, et qu'enfin
il convenait que lui prieur vînt lui présenter son neveu le lendemain, qu'il
70 *devait amener avec lui le bonhomme Gordon, que lui frère Vadbled les*
introduirait chez Sa Révérence et chez mons de Louvois, lequel leur
dirait un mot dans son antichambre.

Il ajoutait que l'histoire de l'Ingénu et son combat contre les
Anglais avaient été contés au roi, que sûrement le roi daignerait
75 le remarquer quand il passerait dans la galerie[2], et peut-être
même lui ferait un signe de tête. La lettre finissait par
l'espérance dont on le flattait que toutes les dames de la cour
s'empresseraient de faire venir son neveu à leurs toilettes[3], que
plusieurs d'entre elles lui diraient : « Bonjour, monsieur l'Ingénu » ;
80 et qu'assurément il serait question de lui au souper du roi. La
lettre était signée : *Votre affectionné Vadbled, frère jésuite.*

Le prieur ayant lu la lettre tout haut, son neveu, furieux, et
commandant un moment à sa colère, ne dit rien au porteur ;
mais, se tournant vers le compagnon de ses infortunes, il lui
85 demanda ce qu'il pensait de ce style. Gordon lui répondit :
« C'est donc ainsi qu'on traite les hommes comme des singes !
On les bat et on les fait danser. » L'Ingénu, reprenant son
caractère, qui revient toujours dans les grands mouvements

---

1. *Vadbled :* personnage historique (Vatebled).

2. *La galerie :* la galerie des Glaces, à Versailles, était ouverte au public. Le roi la traversait chaque jour, et on pouvait alors lui remettre des placets, c'est-à-dire des demandes écrites.

3. Voir une dame à sa toilette signifie la voir quand elle se coiffe.

de l'âme, déchira la lettre par morceaux et les jeta au nez du
90 courrier : « Voilà ma réponse. » Son oncle, épouvanté, crut voir
le tonnerre et vingt lettres de cachet tomber sur lui. Il alla vite
écrire et excuser, comme il put, ce qu'il prenait pour
l'emportement d'un jeune homme, et qui était la saillie[1] d'une
grande âme.
95   Mais des soins plus douloureux s'emparaient de tous les
cœurs. La belle et infortunée Saint-Yves sentait déjà sa fin
approcher ; elle était dans le calme, mais dans ce calme affreux
de la nature affaissée qui n'a plus la force de combattre. « Ô mon
cher amant ! dit-elle d'une voix tombante, la mort me punit de
100 ma faiblesse ; mais j'expire avec la consolation de vous savoir
libre. Je vous ai adoré en vous trahissant, et je vous adore en vous
disant un éternel adieu. »
    Elle ne se parait pas d'une vaine fermeté ; elle ne concevait pas
cette misérable gloire de faire dire à quelques voisins : « Elle est
105 morte avec courage. » Qui peut perdre à vingt ans son amant,
sa vie, et ce qu'on appelle l'*honneur,* sans regrets et sans
déchirements ? Elle sentait toute l'horreur de son état, et le
faisait sentir par ces mots et par ces regards mourants qui parlent
avec tant d'empire. Enfin elle pleurait comme les autres dans les
110 moments où elle eut la force de pleurer.
    Que d'autres cherchent à louer les morts fastueuses de ceux
qui entrent dans la destruction avec insensibilité : c'est le sort de
tous les animaux. Nous ne mourons comme eux avec
indifférence que quand l'âge ou la maladie nous rend semblables
115 à eux par la stupidité[2] de nos organes. Quiconque fait une
grande perte a de grands regrets ; s'il les étouffe, c'est qu'il porte
la vanité jusque dans les bras de la mort.
    Lorsque le moment fatal fut arrivé, tous les assistants jetèrent
des larmes et des cris. L'Ingénu perdit l'usage de ses sens. Les

1. *Saillie :* mouvement, élan, impulsion.
2. *Stupidité :* abrutissement, engourdissement.

120 âmes fortes ont des sentiments bien plus violents que les autres
quand elles sont tendres. Le bon Gordon le connaissait assez
pour craindre qu'étant revenu à lui il ne se donnât la mort. On
écarta toutes les armes ; le malheureux jeune homme s'en
aperçut ; il dit à ses parents et à Gordon, sans pleurer, sans
125 gémir, sans s'émouvoir : « Pensez-vous donc qu'il y ait
quelqu'un sur la terre qui ait le droit et le pouvoir de
m'empêcher de finir ma vie ? » Gordon se garda bien de lui étaler
ces lieux communs fastidieux par lesquels on essaie de prouver
qu'il n'est pas permis d'user de sa liberté pour cesser d'être
130 quand on est horriblement mal, qu'il ne faut pas sortir de sa
maison quand on ne peut plus y demeurer, que l'homme est sur
la terre comme un soldat à son poste : comme s'il importait à
l'Être des êtres que l'assemblage de quelques parties de matière
fût dans un lieu ou dans un autre ; raisons impuissantes qu'un
135 désespoir ferme et réfléchi dédaigne d'écouter, et auxquelles
Caton[1] ne répondit que par un coup de poignard.

Le morne et terrible silence de l'Ingénu, ses yeux sombres, ses
lèvres tremblantes, les frémissements de son corps, portaient dans
l'âme de tous ceux qui le regardaient ce mélange de compassion
140 et d'effroi qui enchaîne toutes les puissances de l'âme, qui exclut
tout discours, et qui ne se manifeste que par des mots entrecoupés.
L'hôtesse et sa famille étaient accourues ; on tremblait de son
désespoir, on le gardait à vue, on observait tous ses mouvements.
Déjà le corps glacé de la belle Saint-Yves avait été porté dans une
145 salle basse, loin des yeux de son amant, qui semblait la chercher
encore, quoiqu'il ne fût plus en état de rien voir.

Au milieu de ce spectacle de la mort, tandis que le corps est
exposé à la porte de la maison, que deux prêtres à côté d'un
bénitier récitent des prières d'un air distrait, que des passants

---

1. *Caton* : non pas Caton l'Ancien, mais Caton d'Utique, son arrière-petit-fils
(95-46 av. J.-C.), souvent donné comme exemple de stoïcisme, qui se tua d'un
coup d'épée après sa défaite devant César.

150 jettent quelques gouttes d'eau bénite sur la bière par oisiveté, que d'autres poursuivent leur chemin avec indifférence, que les parents pleurent et qu'un amant est prêt de s'arracher la vie, le Saint-Pouange arrive avec l'amie de Versailles.

Son goût passager, n'ayant été satisfait qu'une fois, était
155 devenu de l'amour. Le refus de ses bienfaits l'avait piqué[1]. Le père de La Chaise n'aurait jamais pensé à venir dans cette maison ; mais Saint-Pouange, ayant tous les jours devant les yeux l'image de la belle Saint-Yves, brûlant d'assouvir une passion qui par une seule jouissance avait enfoncé dans son
160 cœur l'aiguillon des désirs, ne balança pas à venir lui-même chercher celle qu'il n'aurait pas peut-être voulu revoir trois fois si elle était venue d'elle-même.

Il descend de carrosse ; le premier objet qui se présente à lui est une bière ; il détourne les yeux avec ce simple dégoût d'un
165 homme nourri dans les plaisirs, qui pense qu'on doit lui épargner tout spectacle qui pourrait le ramener à la contemplation de la misère humaine. Il veut monter. La femme de Versailles demande par curiosité qui on va enterrer ; on prononce le nom de Mlle de Saint-Yves. À ce nom, elle pâlit et poussa un cri
170 affreux ; Saint-Pouange se retourne ; la surprise et la douleur saisissent son âme. Le bon Gordon était là, les yeux remplis de larmes. Il interrompt ses tristes prières pour apprendre à l'homme de cour toute cette horrible catastrophe. Il lui parle avec cet empire[2] que donnent la douleur et la vertu.
175 Saint-Pouange n'était point né méchant ; le torrent des affaires et des amusements avait emporté son âme, qui ne se connaissait pas encore. Il ne touchait point à la vieillesse, qui endurcit d'ordinaire le cœur des ministres ; il écoutait Gordon les yeux baissés, et il en essuyait quelques pleurs qu'il était étonné de
180 répandre : il connut le repentir.

---

1. *L'avait piqué :* avait piqué sa vanité.
2. *Empire :* autorité, fermeté.

« Je veux voir absolument, dit-il, cet homme extraordinaire dont vous m'avez parlé ; il m'attendrit presque autant que cette innocente victime dont j'ai causé la mort. » Gordon le suit jusqu'à la chambre où le prieur, la Kerkabon, l'abbé de
185 Saint-Yves et quelques voisins rappelaient à la vie le jeune homme retombé en défaillance.

« J'ai fait votre malheur, lui dit le sous-ministre ; j'emploierai ma vie à le réparer. » La première idée qui vint à l'Ingénu fut de le tuer et de se tuer lui-même après. Rien n'était plus à sa place ;
190 mais il était sans armes et veillé de près. Saint-Pouange ne se rebuta point des refus accompagnés du reproche, du mépris et de l'horreur qu'il avait mérités, et qu'on lui prodigua. Le temps adoucit tout. Mons de Louvois vint enfin à bout de faire un excellent officier de l'Ingénu, qui a paru sous un autre nom à
195 Paris et dans les armées, avec l'approbation de tous les honnêtes gens, et qui a été à la fois un guerrier et un philosophe[1] intrépide.

Il ne parlait jamais de cette aventure sans gémir ; et cependant sa consolation était d'en parler. Il chérit la mémoire de la tendre
200 Saint-Yves jusqu'au dernier moment de sa vie. L'abbé de Saint-Yves et le prieur eurent chacun un bon bénéfice ; la bonne Kerkabon aima mieux voir son neveu dans les honneurs militaires que dans le sous-diaconat. La dévote de Versailles garda les boucles de diamants, et reçut encore un beau présent.
205 Le père Tout-à-tous eut des boîtes de chocolat, de café, de sucre candi, de citrons confits, avec les *Méditations du révérend père Croiset* et *la Fleur des saints* reliées en maroquin[2]. Le bon Gordon

---

1. *Philosophe* : on peut être philosophe sans jamais rien écrire ni enseigner la philosophie. Le philosophe, au sens classique, suppose l'exercice de la raison et la maîtrise des passions.
2. *Méditations... maroquin* : les *Méditations ou Retraite spirituelle pour un jour de chaque mois*, du R.P. Croisset (1710, 4 vol.) ; *la Fleur des saints* du jésuite espagnol Pedro Ribadeneira (1599), souvent traduite en français. Les deux ouvrages de dévotion sont reliés en peau de chèvre importée du Maroc.

vécut avec l'Ingénu jusqu'à sa mort dans la plus intime amitié ; il eut un bénéfice aussi, et oublia pour jamais la grâce efficace et le concours concomitant[1]. Il prit pour sa devise : *malheur est bon à quelque chose.* Combien d'honnêtes gens dans le monde ont pu dire : *malheur n'est bon à rien !*

---

1. *Concours concomitant :* grâce « que Dieu donne dans le cours des actions pour les rendre méritoires » (Dictionnaire Littré), et donc pour aider les hommes à échapper au péché qui les menace tous depuis le péché originel.

Chapitres XIX et XX

COMMENT FINIR ?

1. L'Ingénu et Gordon délivrés de la Bastille, l'auteur se trouve devant un problème qui a tourmenté bien d'autres romanciers : comment finir ? Pouvez-vous imaginer quelques grandes options ?

Le début du chapitre XIX (les quatre premiers paragraphes) ne constitue-t-il pas une fin possible, et même, à en croire le titre, un leurre de fin, un trompe-l'œil aussi optimiste que les fins toujours heureuses des comédies classiques ? Pourquoi ?

Sur quel(s) ton(s) [ironique, sérieux, sensible...] Voltaire raconte-t-il ces retrouvailles ? Sur quelle idée, proprement romanesque, car liée à l'écoulement du temps, met-il l'accent ? Comment la met-il en valeur ?

2. Dans *Candide* (chap. XXX), c'était l'ennui qui, après les convulsions de l'inquiétude, rongeait les habitants de la petite métairie en pays turc, relançant récit et débat philosophique à partir d'une réflexion morale sur les contradictions de la condition humaine.

Autre roman, autre solution : qu'en est-il ici ? À quel type de ressort le romancier a-t-il recours pour faire rebondir péripéties et curiosité ? Traite-t-il le sujet avec soin ou avec désinvolture ?

Comment expliquez-vous que l'auteur tienne alors à interrompre le récit des souffrances de « la généreuse et respectable infidèle » au profit d'un souper ?

3. Analysez, dans les six premiers paragraphes du chapitre XX, la succession rapide et périlleuse des tons, du satirique au pathétique (voir p. 195 et 194 pour ces deux mots). Le projet du romancier est-il de s'installer alors dans le ton pathétique ou, au contraire, exercice stylistique infiniment plus difficile, de les accorder ? Comment Voltaire s'y prend-il pour glisser de la satire dans le tableau de la mort de Mlle de Saint-Yves ?

4. Pourquoi le romancier tient-il à inclure le ministre libertin parmi les personnages que l'expérience de la souffrance perfectionne ?

Cette conversion à l'humanité d'un homme de cour pouvait fournir une fin militante et vertueuse. Montrez que c'est précisément alors que le narrateur prend du champ par rapport à son héros tenté par le suicide, comme s'il le voyait soudain de plus loin. Faut-il comprendre que le passage de la nature brute à la culture, sujet central du roman, s'exprime dans la transformation d'un héros épique (chapitre VII) en officier discipliné d'une armée moderne ? Le roman tournerait-il autour du contrôle des pulsions et de l'exercice de règles ? Justifiez votre réponse.

5. Le survol accéléré (fait sur quel ton ?) de la vie de l'Ingénu devrait en bonne logique terminer le roman. Il n'en est rien. Lui succède une sorte de panoramique saccadé des autres personnages : sur quel ton ?

Que devient, dans cette perspective, le sacrifice de la vertueuse Saint-Yves ?

Et que deviennent, au regard de cette distribution finale, les interrogations antagonistes des jansénistes et des jésuites sur le salut éternel (prédestination inéluctable des élus et des damnés, selon les premiers ; équilibre de la grâce divine et de la liberté humaine, pour les seconds) ?

C'est donc au comique, à l'énigmatique comique, que revient la charge de conclure l'histoire la plus sensible de Voltaire. Et pourtant, le romancier tient à en rajouter encore, comme si la distribution générale de sucettes ne suffisait pas à épaissir le mystère de cette fin : au bon Gordon qui entend tirer au moins une leçon positive de son expérience, il en oppose une autre, ni plus, ni moins vraie. S'agit-il de renvoyer toute vérité énonçable par l'homme à sa vanité foncière, à sa dérision, de ronger la philosophie par la fiction ? Faudrait-il alors conclure que le conte philosophique voltairien ne délivre aucun message, ne prône aucune valeur ?

Documentation thématique

Index des thèmes principaux de *l'Ingénu*

Bons sauvages, femmes vertueuses et hommes d'Église

Les Lumières françaises, sans se réduire au thème religieux, lui donnent souvent un accent vigoureusement antichrétien — ou anticlérical —, qui fait leur originalité. La critique, plus ou moins satirique, plus ou moins violente, prend toutes les formes et tous les tons. Avec Condorcet, elle passe par le pastiche du calendrier des saints. Avec Challe, par le journal de voyage, forme privilégiée de la prise de conscience de la relativité des religions. Les *Dialogues* de Lahontan, entre un voyageur et un Iroquois, soumettent aussi la conscience européenne au jugement d'une raison naturelle étrangère, fiction à la fois philosophique et romanesque qui débouche sur les *Lettres persanes* de Montesquieu. Les deux extraits de Voltaire soulignent combien son imagination est travaillée par le thème des infortunes de la vertu, si cher aux Lumières.

Les prêtres font couper les jarrets aux reines

Pourquoi Voltaire a-t-il, dans la foule des saints, élu saint Dunstan comme patron de *l'Ingénu ?* Condorcet (1743-1794) nous fournit la réponse, dans la notice qu'il lui consacre dans un *Almanach antisuperstitieux* composé sans doute vers 1773-1774, mais non publié de son vivant.

19 mai
[Mort de] Dunstan, moine anglais célèbre par ses visions, son crédit et ses crimes.

147

Le malheureux Edwi, roi d'Angleterre, avait épousé une jeune princesse qu'il aimait tendrement, mais qui était sa cousine germaine. Dunstan souleva toute l'Angleterre contre un mariage qui était contraire aux canons. L'archevêque de Cantorbery envoya des soldats se saisir de la reine, ils lui brûlèrent le visage avec un fer chaud pour détruire cette beauté, source de l'amour du roi, et la reléguèrent en Irlande. Guérie de ses blessures, elle revenait pour rejoindre son époux en lui rapportant toute sa tendresse et même toute sa beauté. Des soldats apostés par l'archevêque la surprirent sur la route et lui coupèrent les jarrets. Elle mourut à Glocester peu de jours après dans des tourments affreux. Dunstan, l'archevêque et ses moines ne pouvaient espérer qu'Edwi, tout faible qu'il était, pardonnât cet excès d'insolence et d'atrocités. Ils excitèrent une guerre civile, donnèrent le titre de roi à Edgar, frère d'Edwi. Dunstan se mit à la tête de ce parti ; les plus hautes dignités de l'Église d'Angleterre furent la récompense de sa rébellion. Edwi mourut pendant cette guerre. Edgar lui succéda. Ce prince voluptueux mais guerrier, et surtout libéral envers les moines, enleva publiquement une religieuse, fit tuer son favori pour épouser sa femme, mais Dunstan, selon l'usage des gens de son état, lâches envers ces tyrans et tyrans envers les princes indulgents, se contenta de lui faire des remontrances, lui qui avait poursuivi jusqu'à la mort l'innocente et malheureuse épouse d'Edwi.

Ainsi, non content d'assassiner les rois qui refusent d'être les esclaves du clergé, les prêtres font couper les jarrets aux reines lorsqu'elles sont jolies et qu'elles ne sont pas dévotes.

Condorcet,
Almanach antisuperstitieux.
Ce texte a été édité sous la direction de A.-M. Chouillet en 1992
aux éditions du C.N.R.S.

Nous les haïssons plus que le diable

Le *Journal d'un voyage fait aux Indes orientales* (février 1690-août 1691), de Robert Challe (1659-1721), voyage contemporain des aventures de l'Ingénu, est un des plus remarquables parus sous l'Ancien Régime par la variété des sujets abordés, par le tour d'esprit original de l'auteur et le naturel de son style. Il n'y a guère de textes qui nous fasse entrer de manière si intime et si vivante, au jour le jour, dans les interrogations religieuses d'un Français de la fin du XVIIe siècle, qui séjourna d'ailleurs au Canada avant de s'embarquer pour les Indes. Violemment hostile aux jésuites, Challe n'en est pas moins un adversaire résolu de la prédestination janséniste. Il renvoie dos à dos les frères ennemis de la théologie, dont les disputes « nous doivent être indifférentes ». La première publication date de 1721.

J'étais à Montréal en Canada en 1682 lorsque M. de La Barre, vice-roi, fit la paix avec les Iroquois. Le père Bêchefer, supérieur des jésuites, y était aussi. Un sauvage que les Français à cause de la longueur de sa bouche avaient surnommé Grand-Gula, et dont le nom sauvage était Aroüim-Tesche, portait la parole pour toutes les nations iroquoises. J'appris, ce jour-là, quantité de choses qui regardaient la Société de Jésus, qui faisaient enrager le père Bêchefer, et rire tous les auditeurs ; car le sauvage y parla en sauvage, c'est-à-dire sans flatterie ni déguisement. Les jésuites étaient démontés de l'effronterie de sa harangue, et perdirent tout à fait patience à la conclusion de leur article, qui fut, que tous les sauvages ne voulaient plus de jésuites chez eux. On lui en demanda la raison ; et il répondit, aussi brutalement qu'il avait commencé, que ces jaquettes noires n'iraient pas, s'ils n'y trouvaient ni femmes ni castors.

Le père Bêchefer prétendit que l'interprète de M. de La Barre se trompait. Celui-ci, voyant sa bonne foi suspecte, fit répéter la même chose, en illinois, en algonquin, en huron et en tous les autres idiomes iroquois, que tous les Français présents entendaient parfaitement, aussi bien que les jésuites, auxquels la confusion en demeura en entier, en présence de plus de deux cent cinquante Français, outre tous les pères de l'Oratoire, qui ont à Montréal un établissement très beau. Je les prends tous pour témoins, et cet interprète, qui se nomme M. Denizy, à présent médecin à Compiègne, très recherché. Il avait été douze ans entiers avec les sauvages quand nous revînmes ensemble du Canada ; et en 1713, je le trouvai à Compiègne, où j'étais allé voir une sœur religieuse, et lui parlai de cette aventure, qu'il répéta en présence de quantité de monde à moi inconnu, excepté un nommé M. Auvrai, directeur des Aides.

(Cette histoire est celle que j'avais promise t. I, p. 215 et qui m'a convaincu que les jésuites ne sont conduits dans le Canada, et ailleurs, que par le commerce et le plaisir des sens, et nullement par le zèle de la propagation de l'Évangile.)

Je contai cette histoire à M. de Seignelay [ministre de Louis XIV, protecteur de Challe], poursuivis-je en continuant de parler à M. Martin : il me dit qu'il la savait bien. Enfin, sur le point de partir au mois de janvier 1688 pour venir ici, j'allai prendre congé de lui. Je vis des jésuites sortir de son cabinet : je lui demandai s'il en passait aux Indes. Il me dit qu'il en venait six ; et m'ordonna de lui faire un journal avec des remarques sur tout ce que j'apprendrais. Je le fais. Vous en avez vu une bonne partie : notre conversation sera comprise dans le reste. Je lui reparlai encore des jésuites : et, donnant carrière à la raillerie, je ramenai l'histoire de ceux du Canada, et ajoutai brusquement que l'argent du roi était bien mal employé pour ces gens-là, plutôt capables de perdre la France de réputation chez les étrangers que de l'y mettre en bonne odeur.

Ceux qui ont connu M. de Seignelay savent que c'était le meilleur cœur d'homme qui fût au monde ; mais d'une vivacité et d'une promptitude inexprimables, et qui, dans son premier feu, rimait richement en Dieu. Il se mit en colère à son tour, et me dit, bien plus vivement que je ne lui avais parlé, et en jurant Mort-D..., nous savons tout cela mieux que toi, et nous en savons encore cent fois plus. Nous les haïssons plus que le diable : trouve le secret de mettre la vie du roi en sûreté contre le poison et le poignard ; et je te jure, sur ma damnation, qu'avant deux mois il n'y en aura pas un en France. Quoi ! lui dis-je, monsieur, il semble que vous voulez me faire entendre que le roi les craint ? Oui, il les craint, ajouta-t-il : il n'a que cette seule faiblesse. Il les hait au fond du cœur, et ne les estime point : cependant, lui, qui fait trembler tout le monde, tremble sous cette exécrable Société, toujours fertile en Cléments, en Châtels et en Ravaillac. Il tremble aux morts d'Henri III, et d'Henri IV ; et n'en veut point courir les risques. C'est la crainte qu'il a d'eux qui est la source de tous les biens qu'il leur fait, et qui est cause qu'il leur accorde tout ce qu'ils ont le front de lui demander, quelque injuste qu'il soit ; parce qu'il ne veut pas s'exposer au ressentiment que cette cruelle Compagnie aurait de ses refus : étant lui-même convaincu, par des lettres interceptées, que le plus grand et le plus juste prince du monde devient pour cette sanguinaire Société un homme commun et digne de mort, sitôt qu'il s'oppose à ses desseins. Table là-dessus ; tu ne te tromperas pas.

Robert Challe,
Journal d'un voyage fait aux Indes orientales, 1721,
réédité par le Mercure de France sous la direction de F. Deloffre.

Les plus sottes raisons du monde

Lahontan (1666-1716) partit pour le Canada en 1683 faire la guerre aux Iroquois alliés des Anglais. Il ne tarda pas à s'opposer au ministre de la Marine, Pontchartrain, en qui il vit « le symbole de tous les vices de l'absolutisme, arbitraire, mépris pour les solliciteurs, méconnaissance des services, etc. » (H. Coulet, édition citée). Le rapprochement avec le roman de Voltaire s'impose d'autant plus que les *Dialogues de M. le baron de Lahontan et d'un sauvage dans l'Amérique* (1703) ont été souvent cités comme une des « sources » possibles de *l'Ingénu*. Comme le héros de Voltaire, le Huron Adario soumet à sa critique acerbe la religion, la politique, les lois et les mœurs des Européens. Si Voltaire ne peut que tomber d'accord avec le discours qui suit, il n'est pas question pour lui d'insérer dans son récit de telles tirades, propres au genre du dialogue philosophique.

Lahontan. — Je t'ai découvert, mon pauve Adario les certitudes et les preuves de la religion chrétienne ; cependant tu ne veux pas les écouter, au contraire tu les regardes comme des chimères, en alléguant les plus sottes raisons du monde. Tu me cites les faussetés qu'on écrit dans les relations que tu as vues de ton pays. Comme si le Jésuite qui les a faites n'a pas pu être abusé par ceux qui lui ont fourni les mémoires. Il faut que tu considères que ces descriptions du Canada sont des bagatelles, qui ne se doivent pas comparer avec les livres qui traitent des choses saintes, dont cent auteurs différents ont écrit sans se contredire.

Adario. — Comment sans se contredire ! Hé quoi, ce livre de choses saintes n'est-il pas plein de contradictions ? Ces Évangiles, dont les Jésuites nous parlent, ne causent-ils pas un désordre épouvantable entre les Français et les Anglais ? Cependant tout ce qu'ils contiennent vient de la bouche du grand Esprit, si l'on vous en croit. Or, quelle apparence y a-t-il qu'il eût parlé confusément, et qu'il eût donné à ses paroles un sens ambigu, s'il avait eu envie qu'on l'entendît ? De deux choses l'une, s'il est né et mort sur la terre, et qu'il ait harangué, il faut que ses discours aient été perdus, parce qu'il aurait parlé si clairement que les enfants auraient pu concevoir ce qu'il eût dit ; ou bien si vous croyez que les Évangiles sont véritablement ses paroles, et qu'il n'y ait rien que du sien, il faut qu'il soit venu porter la guerre dans ce monde au lieu de la paix ; ce qui ne saurait être.

Les Anglais m'ont dit que leurs Évangiles contiennent les mêmes paroles que ceux des Français, il y a pourtant plus de différence de leur religion à la vôtre, que de la nuit au jour. Ils assurent que la leur est la meilleure ; les Jésuites prêchent le contraire, et disent que celles des Anglais et de mille autres peuples ne valent rien. Qui dois-je croire, s'il n'y a qu'une seule véritable religion sur la terre ? Qui sont les gens qui n'estiment pas la leur la plus parfaite ? Comment l'homme peut-il être assez habile pour discerner cette unique et divine religion parmi tant d'autres différentes ? Crois-moi, mon cher frère, le grand Esprit est sage, tous ses ouvrages sont accomplis, c'est lui qui nous a faits, il sait bien ce que nous deviendrons. C'est à nous d'agir librement sans embarrasser notre esprit des choses futures. Il t'a fait naître Français, afin que tu crusses ce que tu ne vois ni ne conçois ; et il m'a fait naître Huron, afin que je ne crusse que ce que j'entends, et ce que la raison m'enseigne.

Lahontan,
Dialogues de M. le baron de Lahontan et d'un sauvage dans l'Amérique, 1703.
Le texte a été réédité en 1993 chez Desjonquères sous la direction de H. Coulet.

Elle avait un père et une mère jansénistes

Ce court récit ne fut publié qu'après la mort de Voltaire (édition de Kehl), et remonte apparemment à sa jeunesse (entre 1714 et 1716 ?). Le thème est emprunté à Bayle (article « Acindynus » du *Dictionnaire historique et critique,* 1696), qui, rapportant les hésitations de saint Augustin sur ce cas de conscience, s'indignait de l'indulgence du Père de l'Église ! Comme on voit, le motif des infortunes de la vertu, ici abordé avec une ironie désinvolte, remonte loin chez Voltaire. Toute la question, abandonnée au lecteur, est de savoir jusqu'à quel point l'ironie, toujours sous-jacente au traitement voltairien du thème, corrode l'histoire de la belle Saint-Yves, qui mourut d'être plus sévère avec elle-même que... saint Augustin, cité par le père Tout-à-tous.

C'est une maxime faussement établie qu'il n'est pas permis de faire un petit mal dont un plus grand bien pourrait résulter. Saint Augustin a été entièrement de cet avis, comme il est aisé de le voir dans le récit de cette petite aventure arrivée dans son diocèse, sous le proconsulat de Septimus Acindynus, et rapportée dans le livre de *la Cité de Dieu*.

Il y avait à Hippone un vieux curé, grand inventeur de confréries, confesseur de toutes les jeunes filles du quartier, et qui passait pour un homme inspiré de Dieu, parce qu'il se mêlait de dire la bonne aventure, métier dont il se tirait assez passablement.

On lui amena un jour une jeune fille nommée Cosi-Sancta : c'était la plus belle personne de la province. Elle avait un père et une mère jansénistes, qui l'avaient élevée dans les principes de la vertu la plus rigide ; et de tous les amants qu'elle avait eus, aucun n'avait pu seulement lui causer, dans ses oraisons, un moment de distraction. Elle était accordée depuis quelques jours à un petit vieillard ratatiné, nommé Capito, conseiller au présidial d'Hippone. C'était un petit homme bourru et chagrin, qui ne manquait pas d'esprit, mais qui était pincé dans la conversation, ricaneur, et assez mauvais plaisant ; jaloux d'ailleurs comme un Vénitien, et qui pour rien au monde ne se serait accommodé d'être l'ami des galants de sa femme. La jeune créature faisait tout ce qu'elle pouvait pour l'aimer, parce qu'il devait être son mari ; elle y allait de la meilleure foi du monde, et cependant n'y réussissait guère.

Elle alla consulter son curé, pour savoir si son mariage serait heureux. Le bonhomme lui dit d'un ton de prophète : « Ma fille, ta vertu causera bien des malheurs ; mais tu seras un jour canonisée pour avoir fait trois infidélités à ton mari. »

Cet oracle étonna et embarrassa cruellement l'innocence de cette belle fille. Elle pleura ; elle en demanda l'explication, croyant que ces paroles cachaient quelque sens mystique ; mais toute l'explication qu'on lui donna fut que les trois fois ne devaient point s'entendre de trois rendez-vous avec le même amant, mais de trois aventures différentes.

Alors Cosi-Sancta jeta les hauts cris ; elle dit même quelques injures au curé, et jura qu'elle ne serait jamais canonisée. Elle le fut pourtant, comme vous l'allez voir.

Passionnément aimée par un beau jeune homme, Cosi-Sancta ne cède pas. Son amoureux, en voulant s'introduire chez elle, est assommé par les serviteurs du mari, et meurt.

Cosi-Sancta avait donc vu assassiner son amant et était près de voir pendre son mari ; et tout cela pour avoir été vertueuse. Car, comme je l'ai déjà dit, si elle avait donné ses faveurs à Ribaldos, le mari en eût été bien mieux trompé.

Voilà comme la moitié de la prédiction du curé fut accomplie. Cosi-Sancta se ressouvint alors de l'oracle, elle craignit fort d'en accomplir le reste. Mais, ayant bien fait réflexion qu'on ne peut vaincre sa destinée, elle s'abandonna à la Providence, qui la mena au but par les chemins du monde les plus honnêtes.

Le proconsul Acindynus était un homme plus débauché que voluptueux, s'amusant très peu aux préliminaires, brutal, familier, vrai héros de garnison, très craint dans la province, et avec qui toutes les femmes d'Hippone avaient eu affaire, uniquement pour ne se pas brouiller avec lui.

Il fit venir chez lui madame Cosi-Sancta : elle arriva en pleurs ; mais elle n'en avait que plus de charmes. « Votre mari, madame, lui dit-il, va être pendu, et il ne tient qu'à vous de le sauver. — Je donnerais ma vie pour la sienne, lui dit la dame. — Ce n'est pas cela qu'on vous demande, répliqua le proconsul. — Et que faut-il donc faire ? dit-elle. — Je ne veux qu'une de vos nuits, reprit le proconsul. — Elles ne m'appartiennent pas, dit Cosi-Sancta ; c'est un bien qui est à mon mari. Je donnerai mon sang pour le sauver, mais je ne puis donner mon honneur. — Mais si votre mari y consent ? dit le proconsul. — Il est le maître, répondit la dame : chacun fait de son bien ce qu'il veut. Mais je connais mon mari, il n'en fera rien ; c'est un petit homme têtu, tout propre à se laisser pendre plutôt que de permettre qu'on me touche du bout du doigt. — Nous allons voir cela, dit le juge en colère. »

Sur-le-champ il fait venir devant lui le criminel ; il lui propose ou d'être pendu, ou d'être cocu : il n'y avait point à balancer. Le petit bonhomme se fit pourtant tirer l'oreille. Il fit enfin ce que tout autre aurait fait à sa place. Sa femme, par charité, lui sauva la vie ; et ce fut la première des trois.

Le même jour, son fils tomba malade d'une maladie fort extraordinaire, inconnue à tous les médecins d'Hippone. Il n'y en avait qu'un qui eût des secrets pour cette maladie ; encore demeurait-il à Aquila, à quelques lieues d'Hippone. Il était défendu alors à un médecin établi dans une ville d'en sortir pour aller exercer sa profession dans une autre. Cosi-Sancta fut obligée elle-même d'aller à sa porte à Aquila, avec un frère qu'elle avait, et qu'elle aimait tendrement. Dans les chemins elle fut arrêtée par des brigands. Le chef de ces messieurs la trouva très jolie ; et, comme on était près de tuer son frère, il s'approcha d'elle, et lui dit que, si elle voulait avoir un peu de complaisance, on ne tuerait point son frère, et qu'il ne lui en coûterait rien. La chose était pressante : elle venait de sauver la vie à son mari qu'elle n'aimait guère ; elle allait perdre un frère qu'elle aimait beaucoup ; d'ailleurs le danger de son fils l'alarmait ; il n'y avait pas de moment à perdre. Elle se recommanda à Dieu, fit tout ce qu'on voulut ; et ce fut la seconde des trois fois.

Elle arriva le même jour à Aquila, et descendit chez le médecin. C'était un de ces médecins à la mode que les femmes envoient chercher quand elles ont des vapeurs, ou quand elles n'ont rien du tout. Il était le confident des unes, l'amant des autres : homme poli, complaisant, un peu brouillé d'ailleurs avec la Faculté, dont il avait fait de fort bonnes plaisanteries dans l'occasion.

Cosi-Sancta lui exposa la maladie de son fils, et lui offrit un gros sesterce. (Vous remarquerez qu'un gros sesterce fait, en monnaie de France, mille écus et plus.) « Ce n'est pas de cette monnaie, madame, que je prétends être payé, lui dit le galant médecin. Je vous offrirais moi-même tout mon bien, si vous étiez dans le goût de vous faire payer des cures que vous pouvez faire : guérissez-moi seulement du mal que vous me faites, et je rendrai la santé à votre fils. »

La proposition parut extravagante à la dame ; mais le destin l'avait accoutumée aux choses bizarres. Le médecin était un opiniâtre qui ne voulait point d'autre prix de son remède. Cosi-Sancta n'avait point de mari à consulter ; et le moyen de laisser mourir un fils qu'elle adorait, faute du plus petit secours du monde qu'elle pouvait lui donner ! Elle était aussi bonne mère que bonne sœur. Elle acheta le remède au prix qu'on voulut : et ce fut la dernière des trois fois.

Elle revint à Hippone avec son frère, qui ne cessait de la remercier, durant le chemin, du courage avec lequel elle lui avait sauvé la vie.

Ainsi Cosi-Sancta, pour avoir été trop sage, fit périr son amant et condamner à mort son mari, et, pour avoir été complaisante, conserva les jours de son frère, de son fils, et de son mari. On trouva qu'une pareille femme était fort nécessaire dans une famille, on la canonisa après sa mort, pour avoir fait tant de bien à ses parents en se mortifiant, et l'on grava sur son tombeau :

UN PETIT MAL POUR UN GRAND BIEN.

Voltaire, *Cosi-Sancta*, 1714-1716.
Texte réédité en 1992 chez Bordas, coll. « Classiques Garnier » sous la direction de S. Menant.

Qu'est-ce qu'un dominicain ?

Dès *les Lettres d'Amabed* (1769), roman épistolaire, Voltaire renoue avec les infortunes de la vertu. Il s'agit cette fois du viol d'une jeune épouse indienne de Goa, Adaté, par un inquisiteur portugais, le père Fa tutto, qui l'a jetée en prison ainsi que son mari Amabed, sous prétexte d'un crime contre la religion. Mais, à la différence de M^ile de Saint-Yves, la jeune femme ne mourra pas de désespoir vertueux : sur le bateau qui les emporte à Rome, les deux époux s'initient en toute ingénuité aux vices et aux charmes vénéneux de la civilisation européenne qui ressemblent étrangement au libertinage : « Que veux-tu ! ce qui est fait est fait. [...] On se forme beaucoup par les voyages » (lettre XIX).

Quatrième lettre
D'Adaté à Shastasid [religieux hindou].

Il sort de ma chambre, ce père Fa tutto : quelle entrevue ! quelle complication de perfidies, de passions et de noirceurs ! Le cœur humain est donc capable de réunir tant d'atrocités ! Comment les écrirai-je à un juste ?

Il tremblait quand il est entré. Ses yeux étaient baissés, j'ai tremblé plus que lui. Bientôt il s'est rassuré. « Je ne sais pas, m'a-t-il dit, si je pourrai sauver votre mari. Les juges ont ici quelquefois de la compassion pour les jeunes femmes ; mais ils sont bien sévères pour les hommes. — Quoi ! la vie de mon mari n'est pas en sûreté ? » Je suis tombée en faiblesse. Il a cherché des eaux spiritueuses pour me faire revenir ; il n'y en avait point. Il a envoyé ma bonne Déra en acheter à l'autre bout de la rue chez un banian [portugais *banian,* du tamoul *vāniyan,* commerçant]. Cependant il m'a délacée pour donner passage aux vapeurs qui m'étouffaient. J'ai été étonnée, en revenant à moi, de trouver ses mains sur ma gorge et sa bouche sur la mienne. J'ai jeté un cri affreux, je me suis reculée d'horreur. Il m'a dit : « Je prenais de vous un soin que la charité commande. Il fallait que votre gorge fût en liberté, et je m'assurais de votre respiration.

— Ah ! prenez soin que mon mari respire. Est-il encore dans cette fosse horrible ? — Non, m'a-t-il répondu. J'ai eu, avec bien de la peine, le crédit de le faire transférer dans un cachot plus commode. — Mais, encore une fois, quel est son crime ? quel est le mien ? d'où vient cette épouvantable inhumanité ? pourquoi violer envers nous les droits de l'hospitalité, celui des gens [le droit des gens règle les relations entre nations], celui de la nature ? — C'est notre sainte religion qui exige de nous ces petites sévérités. Vous et votre mari vous êtes accusés d'avoir renoncé tous deux à votre baptême. »

Je me suis écriée alors : « Que voulez-vous dire ? Nous n'avons jamais été baptisés à votre mode ; nous l'avons été dans le Gange, au nom de Brama [Brahmā, un des principaux dieux hindous]. Est-ce vous qui avez persuadé cette exécrable imposture aux spectres qui m'ont interrogée ? Quel pouvait être votre dessein ? »

Il a rejeté bien loin cette idée. Il m'a parlé de vertu, de vérité, de charité ; il a presque dissipé un moment mes soupçons, en m'assurant que ces spectres sont des gens de bien, des hommes de Dieu, des juges de l'âme, qui ont partout de saints espions, et principalement auprès des étrangers qui abordent dans Goa. Ces espions ont, dit-il, juré à ses confrères, les juges de l'âme, devant le tableau de l'homme tout nu, qu'Amabed et moi nous avons été baptisés à la mode des brigands portugais, qu'Amabed est *apostato,* et que je suis *apostata* [apostat, personne qui renie publiquement sa religion].

Ô vertueux Shastasid ! ce que j'entends, ce que je vois de moment en moment me saisit d'épouvante depuis la racine des cheveux jusqu'à l'ongle du petit doigt du pied.

« Quoi ! vous êtes, ai-je dit au père Fa tutto, un des cinq hommes de Dieu, un des juges de l'âme ? — Oui, ma chère Adaté, oui, Charme des yeux, je suis un des cinq dominicains délégués par le vice-Dieu [Fa tutto désigne ainsi le pape] de l'univers pour disposer souverainement des âmes et des corps. — Qu'est-ce qu'un dominicain ? qu'est-ce qu'un vice-Dieu ? — Un dominicain est un prêtre, enfant de St. Dominique, inquisiteur pour la foi ; et un vice-Dieu est un prêtre que Dieu a choisi pour le représenter, pour jouir de dix millions de roupies par an, et pour envoyer dans toute la terre des dominicains vicaires du vicaire de Dieu. »

J'espère, grand Shastasid, que tu m'expliqueras ce galimatias infernal, ce mélange incompréhensible d'absurdités et d'horreurs, d'hypocrisie et de barbarie.

Fa tutto me disait tout cela avec un air de componction, avec un ton de vérité qui, dans un autre temps, aurait pu produire quelque effet sur mon âme simple et ignorante. Tantôt il levait les yeux au ciel, tantôt il les arrêtait sur moi. Ils étaient animés et remplis d'attendrissement. Mais cet attendrissement jetait dans tout mon corps un frissonnement d'horreur et de crainte. Amabed est continuellement dans ma bouche comme dans mon cœur. « Rendez-moi mon cher Amabed ! » c'était le commencement, le milieu, et la fin de tous mes discours. [...]

Voltaire, *les Lettres d'Amabed,* 1769.
Texte réédité chez Presses-Pocket en 1990 sous la direction de J. Goldzink.

Dans la lettre suivante, Adaté raconte comment finalement Fa tutto les viole, elle et Déra, qui s'était portée à son secours.

Annexes

Qu'est-ce que
la philosophie ?

À la recherche d'un sous-titre

Le paradoxe saute aux yeux dès la première page, mais Voltaire aime prendre le lecteur à contre-pied : la surprise, il l'a dit dans l'article « Esprit » de l'*Encyclopédie,* est l'essence même de l'esprit. On attendait donc un sous-titre, une rallonge qui nous allèche et nous alerte : *Zadig ou la Destinée, Candide ou l'Optimisme...* Voilà qui au moins éclaire le lecteur et excite la critique. Que trouvons-nous en tête de *l'Ingénu ?* Un label d'origine manifestement frauduleux, qui, sur le dos d'un pauvre janséniste censuré (cent et une fois) et trépassé (une fois), avoue à sa façon ce que chacun sait : *made in Ferney.* Force est donc au lecteur de concevoir le complément qui conviendrait au dernier des trois chefs-d'œuvre incontestés du roman philosophique voltairien. *L'Ingénu ou la Civilisation ?* Le terme, à peine naissant, n'appartient pas au lexique voltairien. *L'Ingénu ou l'Éducation* n'irait pas trop mal, tout en faisant pièce à l'*Émile* rousseauiste, qui agaçait les dernières dents du terrible vieillard. Peut-être ce sous-titre souffre-t-il d'un peu de lourdeur de ventre, d'un peu de fatigue au service d'autres auteurs ; et puis Voltaire n'aime guère les pédagogues (il est vrai que son roman devance l'insolente question de Brecht : « Qui éduquera les éducateurs ? »). À bien y réfléchir, le plus adéquat au contenu ne serait-il pas : *l'Ingénu ou la Philosophie ?* Titre exact, titre impossible ! Et voilà pourquoi, sans doute, la galéjade sur le père Quesnel et son improbable manuscrit est muette sur le thème du roman, sans compter les autres raisons qu'on peut imaginer.

Si le titre fait écho à *Candide,* il manquera toujours au Huron d'attacher son nom, comme ses deux célèbres prédécesseurs, à une grande notion, à une large bouée où la pensée s'accroche (la destinée, l'optimisme). Il devra se contenter de devenir, à défaut d'un amant heureux, « un guerrier et un philosophe intrépide » (chap. xx). Mais qu'est-ce, au fait, d'après *l'Ingénu,* que la philosophie, dont l'équivalent métaphorique, les Lumières, va définir le siècle où le jeune héros s'apprête à entrer, et d'où l'on raconte, en 1767, son « histoire véritable » ?

Grandeur et misère de la raison

Si l'on veut entrer un peu dans la logique de la philosophie voltairienne, et donc dans la logique du romancier (elles sont inséparables), il ne faut pas se laisser abuser par l'élan critique, allègrement agressif, qui tourne la raison vers le dehors et lui fait déchirer à pleines dents le tissu des habitudes et des croyances. Cette critique existe évidemment, elle ne cesse de s'exercer dans *l'Ingénu,* dès la première page, avec une énergie irrésistible, elle fait la gloire de Voltaire et des Lumières. Mais elle remonte aussi à sa source, elle interroge les droits, devoirs et pouvoirs de la raison, elle lui trace ses frontières, au-delà desquelles s'étendent les pays fabuleux, étranges, des croyances infondées, des superstitions les plus loufoques, des chimères de la métaphysique, des romans de l'imagination philosophique.

L'hygiène de la raison

La philosophie est d'abord une hygiène de la raison, une purge sévère. Elle doit apprendre à trier, à séparer le bon grain de l'ivraie, à distinguer soigneusement ce qu'elle sait ; ce qu'elle peut savoir ; ce qu'elle croit savoir ; ce qu'elle ne saura jamais car hors de sa portée limitée. Tombent ainsi sous les coups de la critique philosophique, succombent sous la raillerie : tout ce qui est en dessous de la raison (les absurdités religieuses, miracles et prodiges de toute nature et de toute époque qui ridiculisent l'espèce humaine) et tout ce qui est au-dessus des forces de la raison (les sublimes et déraisonnables tentatives des métaphysiciens — Platon, Descartes, Leibniz, etc. — pour dire le secret ultime des choses, leur essence. Car ce secret n'appartient qu'à Dieu, qui se tait).

La philosophie voltairienne obéit donc à un double mouvement, indissociable, d'affirmation et de critique, d'avancée agressive et de repli modeste, de confiance et de défiance, de combat et de débat. C'est pourquoi nulle parabole ne lui convient mieux que celle par elle-même inventée, la parabole du jardin à la fin de *Candide* : cultiver le jardin à portée de prise humaine, adapté aux forces de l'homme, renoncer à ce qui, au-delà, dépasse sa nature, le lance dans des aventures stériles, des divagations sans issue. Philosopher, c'est d'abord apprendre à ignorer (d'où ce titre voltairien absolu : *le Philosophe ignorant,* 1766), s'exercer à distinguer le vrai, le probable, le douteux, le faux, l'impossible, l'extravagant, etc. Comme la saine, la vraie philosophie sait tout ce qu'elle ignore, elle aime interroger, poser les questions qui rabattent les caquets dogmatiques, les fanatiques de la certitude (*Questions sur Zapata,* 1767, *Questions sur l'Encyclopédie,* 1770-1772).

La philosophie est une enquête sur l'entendement humain, ses aptitudes et ses folies, ses fureurs et ses vertus. Philosopher, c'est apprendre et désapprendre, apprendre à désapprendre, apprendre à renoncer ; cultiver, c'est faire pousser en arrachant sans cesse les mauvaises herbes.

Le canton et l'univers

Il n'est pas bien difficile, mais fort long, de relever tout ce qui, dans *l'Ingénu,* participe de cette médecine de l'esprit inlassablement propagée par Voltaire, sous mille et une formes, car d'elle dépend l'assagissement, l'adoucissement de notre terrible espèce humaine. L'absurdité des fables miraculeuses, baptisées vérités de foi, ou traditions historiques, ouvre le récit sur un malicieux pastiche de légende pieuse. L'ironie concerne les lecteurs de la Bible comme les amateurs d'histoire, notamment d'histoire antique (voir *la Philosophie de l'histoire,* 1765), deux domaines où Voltaire pratique un scepticisme sans complexe, sans doute agressif mais de nature éminemment philosophique.

Il n'est pas jusqu'aux notations réjouissantes sur la naïveté patriotique des Bas-Bretons, doutant du bon sens d'un Huron, mais pas de la prééminence universelle de leur langue, qui ne participe de cette critique des illusions, des préjugés : quelle différence de fond, à tout prendre, entre la vanité ingénue des Bas-Bretons, et l'arrogance d'un Bossuet centrant son histoire universelle sur la filiation judéo-chrétienne et la pérennité de l'Église ? Contre cette terrible maladie de l'esprit, qui fait de tout canton le centre de la Terre, et de la Terre le centre de l'Univers, objet de la prédilection divine, Voltaire écrit un de ses livres majeurs, l'*Essai sur les mœurs* (1756), installe Candide à Constantinople, et tient à faire de l'Ingénu un mixte de Huron, d'Anglais et de Français.

L'intrépidité philosophique consiste à penser sous les auspices de l'universel, dans la lumière décapante d'un regard qui préfère s'étonner plutôt qu'admirer : impossible alors de confondre « les lois divines et humaines » avec l'interdiction pour une marraine d'épouser son filleul, voire, péché énorme, de lui « serrer la main » (chap. v).

Un Huron newtonien et lockéen

Au bout d'un mois d'embastillement, l'Ingénu ne manque pas de rencontrer l'inépuisable leitmotiv voltairien des égarements de la philosophie saisie par la débauche métaphysique, inauguré dans les *Lettres philosophiques* (1734). Si Rohault, disciple de Descartes, n'est qu'« incertitudes » (chap. x), c'est évidemment qu'il procède par déductions dogmatiques à partir de principes a priori. Au lieu d'allier, comme Newton, raisonnement mathématique et vérification expérimentale, en fonction d'une philosophie qui refuse modestement de statuer sur l'essence des phénomènes, réputée inconnaissable, pour se consacrer seulement aux relations constantes et constatables entre les phénomènes, c'est-à-dire aux lois de corrélation typiques de la science moderne. Mais on remarque que ces questions, largement traitées dans les *Lettres philosophiques* (sur Descartes et Newton) ou d'autres textes de Voltaire — et devenues bien commun, voire lieu commun, de la pensée philosophique —, sont ici expédiées en quelques lignes.

Le romancier-philosophe préfère insister, à propos de Malebranche, sur un thème parallèle mais plus accessible et relevé par le prestige de ce dernier : le devoir pour la raison de ne pas répondre par l'imagination dogmatique, par des systèmes métaphysiques inventés, aux incertitudes d'une véritable connaissance expérimentale, vérifiable, inductive et non pas déduite en cascade de principes philosophiques abstraits. Ici, c'est l'autre grand homme des *Lettres philosophiques,* l'autre héros, avec Newton, du panthéon voltairien, qui entre silencieusement en scène : le philosophe et médecin anglais Locke (1632-1704).

Enfin Locke vint

Locke est le premier philosophe de l'histoire, selon Voltaire, à avoir substitué aux romans philosophiques une étude expérimentale du fonctionnement effectif de l'esprit humain (*Essai sur l'entendement humain,* 1689). Le premier philosophe qui ait, selon lui, refusé de poser la question de la nature de l'âme, insoluble, pour observer comment elle fonctionnait, comment naissaient nos idées, c'est-à-dire à l'occasion des sens. Si donc le nom de Locke n'apparaît pas dans ce passage de *l'Ingénu* qui touche au cœur de la philosophie voltairienne (la question de la tolérance en dépend directement), on constate que l'éloge de Malebranche par l'Ingénu, adressé au premier livre de la *Recherche de la vérité* (critique des erreurs de l'esprit), revient à faire l'éloge de la démarche lockéenne, tandis que la condamnation du second livre retombe sur Descartes et la tradition métaphysique dogmatique. Nul hasard si l'on voit surgir ici, dans la bouche de l'Ingénu, le couple notionnel fondamental de la philosophie voltairienne : la raison, identifiée à son approche critique et observatrice ; et l'imagination, maîtresse d'erreurs, mère des systèmes dogmatiques brillamment bâtis sur du vide. La raison enseigne une approche prudente et modeste, consciente des lacunes et impasses de l'esprit humain. L'imagination plie le monde à sa fantaisie, vole au secours des « préjugés » (il s'agit ici des préjugés chrétiens de Malebranche, de sa volonté de concilier philosophie et théologie, foi et raison). Elle prétend avec superbe résoudre des questions soit insolubles en leur fond (la volonté, la liberté), soit inexistantes (la grâce, et sans doute l'âme, dont la réalité n'a jamais paru évidente à Voltaire, qui parle d'ailleurs, dans ce même chapitre x, du « roman de l'âme », expression empruntée aux *Lettres philosophiques*).

Nuit et Lumières

Pas plus, pourtant, qu'il n'a cité Locke (par vraisemblance chronologique ?), Voltaire n'a tenu à distinguer, dans l'énumération que fait Gordon des problèmes classiques de la philosophie, questions réelles mais insolubles, et questions imaginaires : ni dans la bouche de Gordon, où une telle distinction eût été invraisemblable, ni dans la réponse brutale de l'Ingénu, qui balaie tout cela d'un revers de main, tel le derviche du dernier chapitre de *Candide* : « Que pensez-vous [...] — Rien, repartit l'Ingénu. » Notre jeune philosophe en herbe n'en délivre pas moins aussitôt un exposé métaphysique succinct sur l'homme et sur Dieu, concentré extrait des diverses méditations publiques de Ferney, et qui fait de lui, au bout d'un mois de réflexion philosophique, un parfait « philosophe ignorant », un petit lockéen embastillé : « tout le reste est pour moi un abîme de ténèbres ».

Métaphore ténébreuse de la métaphysique, des en-dehors impénétrables du jardin, que le narrateur authentifie immédiatement, si besoin était, en la reprenant à son compte à propos de la question du mal, qui hante les textes voltairiens parce qu'elle se pose sans cesse et ne se résout jamais : « et ils couraient l'un et l'autre dans cette nuit profonde, sans jamais se rencontrer » (chap. x). Les hommes se rencontreront en venant vers la lumière, en quittant cette nuit profonde, qui ne cessera pourtant pas d'engloutir les questions essentielles sur la nature des choses et les fins dernières. Pas de lumières sans nuit, pas de jardin sans immenses entours.

Tel est le paradoxe essentiel de la raison voltairienne. Sa férocité joyeuse et destructrice ne signifie nulle confiance absolue dans les pouvoirs de l'esprit, nul espoir de faire coïncider, comme dans les grandes métaphysiques du XVIIᵉ siècle, raison humaine et raison divine. La finitude de l'homme est irréductible, constitutive, inscrite dans le plan divin qui l'a conçu. Lorsque Flaubert, grand lecteur de Voltaire, voit dans la hâte ou la rage de conclure le signe même de la bêtise, lorsqu'il admire la fin de *Candide,* « bête comme la vie », il est infiniment plus fidèle au maître de Ferney que les voltairiens du XIXᵉ siècle et l'immortel Homais de *Madame Bovary.*

Le savoir du non-savoir

Dénoncer la sottise, les abus, les crimes, les absurdités : voilà le côté allègre et sûr de soi de l'ironie voltairienne. Mais les grands textes, tels *Candide* et *l'Ingénu,* rappellent toujours que la philosophie est savoir du non-savoir, restriction des ambitions, mortification des espérances et de la morgue des hommes, rois prétentieux d'un tout petit jardin. Il y a donc un rapport nécessaire entre la philosophie bien comprise et la destinée de l'Ingénu, entre l'impossibilité de dévoiler la vérité vraie, pleine et entière (partage de Dieu seul), et l'incomplétude du bonheur. Au jardin de la vie, Cunégonde n'entrera que défigurée, ou n'entrera pas, comme la belle Saint-Yves. En cela, nulle sombre prédestination au malheur, nul péché originel, nul insondable mystère appelant la démission de la raison dans les bras de la foi. L'intrépidité philosophique regarde en face la nature des choses, le rire aux lèvres et l'œil parfois embué. La religion, fût-elle prétendument révélée, n'est d'aucun secours contre la finitude de la raison. Elle peut même en devenir la pire ennemie, encourager ses plus détestables penchants. Philosopher, c'est guérir la raison et désarmer la religion.

Feu sur la religion ?

Écraser l'infâme

Le nom de Voltaire ne serait pas ce qu'il est sans la critique antireligieuse, et notamment anti-judéo-chrétienne, qui traverse sa vie et marque toutes ses œuvres, mais explose littéralement à Ferney (1760-1778), comme d'un volcan en feu. Inutile ici d'avancer des titres : il faudrait tout citer ! Voltaire, sur ses vieux jours, a manifestement cru qu'avec l'aide de l'Europe pensante, riche et policée, et de quelques rois, grâce aux progrès de l'imprimerie, de l'éducation, du commerce, des techniques et des sciences, des idées de tolérance, de liberté, de raison, bref, grâce aux progrès de la « philosophie », il pourrait défaire ce que « douze gueux juifs », autour du Christ, avaient fait pour le plus grand malheur des hommes. Il était impossible que l'*Ingénu* n'eût rien à voir avec cette croisade, qui agaçait Diderot, révulsait Rousseau et faisait crier les défenseurs du christianisme au...

167

fanatisme antichrétien ! Toute la question est de savoir comment le roman absorbe et réfracte cet inévitable et brûlant ingrédient de la philosophie.

La vulgarité du comique

Il est tentant de commencer par les malices habituelles de l'anticléricalisme voltairien, qui parsèment et égayent le texte : le bon prieur qui aime le vin, saint Augustin et Rabelais, sa sœur et les voisines, son neveu et son prieuré ; Mlle de Kerkabon, courte et ronde, qui aime le plaisir et la dévotion ; la dévote de Versailles, qui aime les jésuites et les diamants ; les jésuites, qui n'aiment que les jésuites et le pouvoir, etc. Comment pourrait-on faire fi de son plaisir en traitant par-dessus la jambe ce feu d'artifice comique, inépuisablement inventif et ingénieux ? Privé de ses abbés, de ses jésuites, de ses dévotes, le roman ne s'effondre sans doute pas tout à fait, conserve sa trame essentielle. Mais quelle perte de saveur, de substance romanesque, quel affadissement comique, quelle chute artistique si ces inoubliables silhouettes d'un caricaturiste de génie ne s'affairaient plus autour des principaux personnages !

D'autant qu'il est toujours simpliste, s'agissant des grands textes, de s'imaginer qu'on distingue aisément l'accessoire du principal, la verve satirique anticléricale, dite un peu vite « primaire », des idées sérieuses et profondes sur Dieu et la religion.

Si les dévotes aiment le plaisir ou l'argent, si le prieur lit Rabelais et cuve son vin, si les jésuites aiment leur ordre comme une famille, et le pouvoir comme une passion, comme des amants, autant que les Kerkabon aiment leur neveu, il importe peu de crier bêtement à l'hypocrisie, et donc à l'anticléricalisme sommaire, comique mais vulgaire. Il importe même peu de savoir si l'archevêque de Paris mourut ou pas, d'épectase, sur sa maîtresse, si Bossuet fut marié et Fénelon séduit par Mme Guyon ou par sa mystique, etc. Le comique est toujours vulgaire parce qu'il rappelle l'homme à sa nature, de chair et de passions.

Le christianisme contre la nature

Voltaire l'a dit et redit, sur tous les tons, en vers et en prose : il est absurde, il est criminel, il est fou, il est dangereux et impossible, comme l'a prétendu selon lui le christianisme, de maudire les passions, de suspecter le corps, d'étouffer les penchants naturels. La recherche du plaisir et la vitalité des passions animent l'espèce humaine, impulsent le progrès des techniques et des sciences. La caricature et la violence comique, aussi insupportables soient-elles pour certains, mettent en jeu un combat essentiel des Lumières : la réhabilitation du corps et des passions, autrement dit de la nature humaine, qui implique la négation du péché originel, le refus de l'ascétisme et de la mortification.

Que montre l'admirable roman de Diderot, *la Religieuse* (publié à la fin du XVIIIᵉ siècle), sinon qu'à vouloir, dans les couvents, effacer le corps pour le salut des âmes, le corps se venge en s'emparant des âmes par l'hystérie ascétique, le lesbianisme, la folie, le désespoir ?

Une vérité si fondamentale peut se montrer en grimaces comiques, et mériter de se redire sous forme plus grave, plus didactique (tout aussi voltairienne, mais artistiquement moins difficile à mettre en œuvre, bien moins originale) : le bon Gordon, qui applique si bien la vertu chrétienne de charité (chap. x), autre nom, selon Voltaire, de l'instinct de pitié naturel à l'espèce humaine et fondement de la morale, doit apprendre, grâce à l'Ingénu, et contre la théologie, que la sensibilité, que les passions ne relèvent pas du diable, du mal, du péché : « Il ne connaissait l'amour auparavant que comme un péché dont on s'accuse en confession. Il apprit à le connaître comme un sentiment aussi noble que tendre » (chap. xiv). On se tromperait du tout au tout en interprétant faussement la conclusion piquante du chapitre : « Enfin, pour dernier prodige, un Huron convertissait un janséniste ».

169

À travers Gordon, c'est en fait le christianisme qui est subverti, converti aux nouvelles valeurs des Lumières, à leur nouvelle conception de l'homme. Gordon se rallie sans le savoir aux critiques de Voltaire contre Pascal (c'est-à-dire contre le christianisme) dans la fameuse XXVe et dernière *Lettre philosophique* de 1734, rajoutée in extremis mais véritable couronnement du livre et profession de foi de la philosophie.

Qui est Gordon ?

On s'est demandé parfois si Gordon était ou non un véritable janséniste : question assez oiseuse, et pourtant intéressante ! Il l'est forcément, puisque le roman, par sa bouche et celle du narrateur, dit qu'il l'est, et qu'on l'a embastillé. Mais Voltaire est un romancier et un philosophe assez retors pour faire coup double. Gordon n'est peut-être janséniste, en effet, que dans la mesure où les jésuites croient ou font semblant de croire qu'il l'est, victime, comme l'Ingénu, du trop grand pouvoir concédé à l'Église dans l'État. C'est le propre du christianisme, selon Voltaire, d'avoir inventé ce terrible malheur des sociétés modernes, inconnu des Anciens et des peuples « sauvages », le fanatisme religieux.

Le fanatisme est d'après lui fondé sur l'idée absurde que Dieu pourrait avoir édicté des dogmes et des rites non universels, et il est entretenu par la contamination, propre également, selon lui, au christianisme, de la religion par la théologie, c'est-à-dire par la métaphysique dogmatique. La religion, pour devenir ou redevenir naturelle, pacifique, légitime, ne devrait consister qu'en l'adoration, au besoin par quelques cérémonies simples, d'un Dieu juste, créateur du monde, indifférent aux rites et aux dogmes que la vanité ou la sottise des hommes inventent à foison. La théologie, fusion monstrueuse de la religion attribuée au Christ et de la philosophie grecque, engendre nécessairement et interminablement la guerre des interprétations, comme la métaphysique engendre la succession des systèmes.

Mais, si la guerre des philosophes métaphysiciens fait rire, celle des théologiens mobilise les États et les armées, multiplie les massacres. Voltaire y voit la principale cause du malheur de l'histoire moderne, calculable en dizaines de millions de morts depuis la conversion des empereurs romains. L'histoire du christianisme, aussi bouffonne que sinistre (comme l'histoire de *l'Ingénu* ?), est une succession ininterrompue d'hérésies, d'excommunications, d'exterminations réciproques. Il importe donc peu que Gordon soit un « vrai-faux » janséniste, pour la bonne raison que lui-même serait bien en peine, comme le pape et les jésuites, de définir exactement, selon Voltaire (chap. XIV), les notions en litige ! On sait au demeurant que les jansénistes ont toujours nié l'existence des 101 propositions condamnées par le pape, en 1713, dans l'ouvrage du père Quesnel, auquel Voltaire attribue la possession du manuscrit de *l'Ingénu* !

Dans la « nuit profonde » où les théologiens courent « sans jamais se rencontrer », mais sans cesser de se déchirer réellement sur des objets imaginaires, l'essentiel n'est pas que Gordon soit un janséniste pur et dur, dûment authentifié (par qui ? sur quelle « preuve » ?), mais qu'il soit un théologien chrétien. Voilà la deuxième adresse de Voltaire (inséparablement romanesque et philosophique), et pourquoi, sans doute, il se garde bien de l'enfermer étroitement dans un ghetto janséniste, qui priverait sa conversion de sa véritable portée.

Il importe d'autant plus de faire de Gordon une figure de la théologie, victime et acteur des guerres théologiques, que Voltaire n'a nulle intention de dresser en face de lui, au nom de la vérité historique, la doctrine jésuite. Le roman des Lumières, s'il lui arrive, comme ici, de situer l'action dans une époque précise, ponctuée de noms et de dates, n'obéit pas à l'esthétique ultérieure du roman historique tel que nous avons appris à le concevoir depuis le XIXe siècle.

Commodités et subtilités de la satire

La représentation romanesque des jésuites dans *l'Ingénu* se soucie avant tout de l'effet comique et contrasté, en jouant à fond, et admirablement, sur le stéréotype inauguré par Pascal dans *les Provinciales*. Dans la construction du roman, partagé entre tonalité sensible et tonalité comique, Gordon relève de la première, les jésuites de la seconde. Comme le méchant bailli et son nigaud de fils, ceux-ci restent inflexiblement fidèles à leur nature perfide et nuisible, tandis que Gordon, Saint-Pouange et même l'abbé de Saint-Yves bénéficient, dans le sillage des deux jeunes héros, du droit au changement qui fait la trame du récit et l'axe de sa signification.

Choix d'abord esthétique, qui ne signifie absolument pas, de toute évidence, que Voltaire préférerait le jansénisme, face sombre du christianisme qui lui fait horreur, et haïrait ses maîtres jésuites ainsi que leur interprétation plus conciliante, plus aimable, de la théologie et de la morale chrétiennes. L'écriture comique et le plaisir du lecteur imposent une inflexible logique. Écrire, c'est choisir. Choisir de ne pas tout dire. Autant reprocher à Molière, comme La Bruyère l'a fait malencontreusement, d'avoir peint en Tartuffe un hypocrite trop peu subtil ! Critique de demi-habile, eût dit Pascal...

L'art, le grand art, ignore ces pauvres finesses et les vains scrupules, quand il s'agit d'écrire deux des plus beaux morceaux de bravoure du roman, deux morceaux d'anthologie comique qui rivalisent avec Molière et Pascal : le discours du jésuite au bon abbé de Kerkabon, et celui du père Tout-à-tous à la belle Saint-Yves, auxquels fait écho le non moins admirable discours du frère Vadbled, raconté au dernier chapitre. Qui peut écrire ces trois étourdissantes variations sur un thème imposé se couche content, l'âme tranquille, même si, Jésus n'ayant jamais ri, l'Église condamnait depuis toujours la comédie, et si une morale chagrine peut s'émouvoir de voir charger si férocement des adversaires dont le mouvement est dissous et les membres expulsés de France.

D'autant que la virtuosité joyeuse de l'écrivain ne ruine pas

172

vraiment la philosophie : en réduisant les jésuites, pour les besoins de l'art, à cette caricature irrésistible, Voltaire fait là aussi coup double, comme pour le personnage de Gordon, mais dans un travail d'écriture exactement inverse. Adversaire résolu du jansénisme, qui heurte toutes ses valeurs, il intègre Gordon dans la sphère sensible et l'écriture sérieuse, et maintient implacablement les jésuites dans la logique mécanique du comique. C'est que la schématisation satirique de ceux-ci, l'oubli absolu de leurs immenses mérites pédagogiques (dont le jeune Voltaire a bénéficié, et qu'il a su reconnaître publiquement) servent aussi à désigner deux énormes dangers politiques qu'il a toujours dénoncés : la prétention séculaire des papes à régenter les rois, et la prétention de l'Église à dominer la société.

Vaccin contre la religion

Pas de société viable et raisonnable, philosophiquement assagie, sur le modèle anglais ou antique, ou prussien, sans suprématie énergique, inflexible, du pouvoir civil sur l'hydre religieuse, sur l'ambition cléricale assoiffée de pouvoir. La puissance anglaise, la prospérité hollandaise, la grandeur des anciens Romains, la pérennité chinoise, l'essor de la Prusse et de la Russie, etc., en sont à ses yeux la preuve incontestable. Un des bénéfices majeurs de la tolérance ne tient pas seulement à la liberté de conscience individuelle, au droit de penser et d'écrire. La tolérance, en faisant coexister diverses sectes et religions, a l'extraordinaire avantage de les neutraliser dans le jeu même de leur concurrence. Comme il l'avait écrit dans les *Lettres philosophiques,* ou *Lettres anglaises :* une seule religion est tyrannique, deux religions se font la guerre (protestants et catholiques en France, voire jansénistes et jésuites), trente religions sont obligées, en grondant et en rongeant leur frein, de vivre en paix.

La liberté et la paix s'inoculent dans le corps social quand l'État impose la libre circulation des idées religieuses : alors, la religion vaccine contre la religion, ce fléau historique. Tout, dans *l'Ingénu,* va dans le sens de ces grandes idées, qui sont au cœur du projet philosophique et que Voltaire a su rendre inséparables de son nom. La date de 1689, choisie pour sa valeur symbolique, permet de faire l'économie d'un grand tableau historique où se développerait le parallèle de la France et de l'Angleterre. 1689 juxtapose l'échec de la restauration absolutiste et catholique en Angleterre, la persécution des protestants et des jansénistes en France, le déclenchement d'une grande guerre européenne, l'appauvrissement du royaume, les emprisonnements arbitraires, la bigoterie croissante du roi, la mainmise grandissante de l'Église sur les rouages du pouvoir, la parution des grands textes de Locke. Tout cela, qui converge vers le malheur des deux amants et brise leur vie, renvoie aussi vers une situation historique, et symbolise ce qu'il en coûte de laisser une religion étendre ses tentacules sur l'État, comme l'a fait le christianisme depuis la fin de l'Empire romain.

Un janséniste sort des ténèbres

Belle leçon de morale artistique : ce que le stéréotype semble perdre en vérité au profit du pur comique et de la partialité polémique, il le regagne en fait au centuple, dans l'ordre d'une vérité philosophique supérieure, qui dépasse l'ordre même des Jésuites (au demeurant conçu par son créateur, Ignace de Loyola, comme une armée totalement au service de la papauté).

Ainsi, à travers Gordon, sur le mode sérieux et même sensible, le romancier dénonce les chimères théologico-métaphysiques, qui stérilisent la raison, et, plus gravement, en dénaturant la religion, ensanglantent l'histoire. La conversion du théologien, qui renonce aux divagations théologiques et à la mutilation de la nature humaine par le christianisme, inscrit dans la fable du roman l'équivalent du grand tournant de l'histoire européenne à partir de la Renaissance. Sortant de sa « nuit profonde », Gordon s'extrait, comme on disait au siècle des Lumières, des « ténèbres gothiques ».

Il abandonne ses angoisses métaphysiques, la hantise du péché, la terreur de la damnation à propos de concepts incompréhensibles ; il quitte son ghetto clérical ; il s'ouvre aux joies et aux peines humaines. Il redevient un homme dans la société des hommes. Sa libération de la Bastille prend ainsi une assez belle valeur symbolique (surtout si l'on songe à la fameuse phrase de Pascal, dans les *Pensées,* sur le malheur de ne savoir demeurer entre quatre murs, et à sa comparaison, violemment critiquée par Voltaire dans la XXVe *Lettre philosophique,* de l'homme avec un prisonnier dans un cachot).

Par la satire des jésuites, le romancier fustige, sur le mode comique, la perversion de la religion en ambition temporelle purement machiavélique, aussi indifférente aux dogmes, que les soldats de Jésus font mine de défendre, qu'à la morale. Gordon croit à ses chimères théologiques, les jésuites ne croient qu'aux résultats : ils sont en quelque sorte les athées retors du christianisme, trop disciplinés pour rire des dogmes, trop intelligents pour y croire. On pourrait alors formuler le paradoxe de *l'Ingénu* dans l'écriture de la religion : la divagation naïve s'y dit sur le mode sérieux et sensible ; la perversité dangereuse sur le mode comique !

Dire n'est pas tout dire

Ce rapide parcours dans la religion de *l'Ingénu* souffre du défaut sans doute inévitable de tous les exposés critiques sur les récits voltairiens. Au texte troué, elliptique, allusif, tantôt ironique, tantôt sérieux, courant et sautant d'une idée à l'autre, narrativisé, selon la logique propre de chaque roman, sous forme de personnages, de discours directs et indirects, de comportements, de commentaires du narrateur, etc., la critique substitue un discours homogène, soigneusement cimenté, censé prémunir le lecteur contre les risques d'une interprétation hâtive ou mal informée. On mobilise alors une idée voltairienne de la religion, dont les éléments sont partout, ressassés sous toutes les formes, et la totalité nulle part. Car Voltaire ne s'est jamais cru tenu à l'assommant « devoir de tout dire », encore moins de le dire dans l'ordre qui plaît aux professeurs. Il laissait cette rhétorique du pauvre aux maîtres d'école, aux métaphysiciens professionnels, cultivant quant à lui l'art du pied-de-nez, du croc-en-jambe, de l'ellipse insolente.

Comme Montesquieu, il estime que le secret d'ennuyer est celui de tout dire, et qu'il revient au lecteur de faire la moitié du travail. Soit, par exemple, se demander en quoi pourrait bien consister, non pas l'idée que Voltaire se fait de la religion des sots et des gredins — *l'Ingénu* nous en régale —, mais celle qu'il aurait à cœur de proposer à ses lecteurs philosophes. Force est de constater alors que ni l'Ingénu, ni Gordon, ni le narrateur n'estiment utile de nous le dire en toutes lettres, noir sur blanc, sous forme d'un beau discours. Un « philosophe intrépide » croit-il en Dieu ? En quel Dieu ? Pratique-t-il un culte ? Comment ? Y a-t-il une religion pour le peuple et une autre pour les honnêtes gens ? Les athées sont-ils plus, moins ou aussi dangereux que les fanatiques ?, etc.

Voltaire a répondu cent et une fois à ces questions, et à bien d'autres aussi. Mais un roman n'est pas un dictionnaire, même si les personnages de l'Ingénu donnent parfois l'impression de feuilleter à toute allure, comme en accéléré, le Dictionnaire philosophique portatif de leur diable de créateur, qui danse sur un pied et pleure d'un œil.

L'énigme finale

Ce que le lecteur ne trouvera dans aucun autre texte voltairien, sinon au bout de Candide, mais pour redoubler sa perplexité, c'est la réponse aux questions que pose à la philosophie la fin de l'Ingénu, qui nous laisse sur notre faim de certitudes, heureuses ou malheureuses, mais claires. Dieu nous abandonne-t-il dans notre jardin trop petit, trop lointain ? Nous attend-il à la sortie ? Avec quel bâton ? Le narrateur, grimaçant, nous quitte un pied de chaque côté de la frontière, mi-bouffon, mi-sérieux, tel Charlot à la fin de l'Émigrant. Ce n'est pas un sauve-qui-peut, pas non plus la promesse d'un ciel plein de lumière. Il est bon de chasser les jésuites, nécessaire et possible de convertir les jansénistes, urgent de faire place aux protestants, indispensable de multiplier les philosophes, aux armées, dans les ministères, les académies, les banques, et pourquoi pas sur les trônes et les autels. Mais quelque chose fait, dans le plan divin de la divine et incompréhensible sagesse, qu'il rôde toujours un ours pour manger Mlle Abacaba, et un sous-ministre pour violer à votre place votre jolie Basse-Bretonne.

Ce serait à douter du progrès, si l'idée de progrès, telle que l'entendront la fin des Lumières, avec la génération de Condorcet, et les siècles suivants, était vraiment une idée voltairienne. Mais ne l'est-elle pas déjà un peu, puisqu'on a fini, après tant de siècles et de millénaires, par humilier les jésuites et humaniser les Hurons ? Décidément, rien n'est simple, si tout peut prêter à rire, après en avoir pleuré. À condition que cela arrive aux autres, et si possible dans un bon roman.

Ultimes difficultés

Rien n'est simple dans le roman voltairien, car la philosophie touche à tout et s'inscrit dans une fable à la fois romanesque, historique et symbolique. La philosophie est d'abord une théorie de la connaissance, des droits et devoirs de la raison, sommée par l'expérience de cultiver l'étroit sillon que la nature lui assigne : n'y poussent, comme plantes utiles, que quelques vérités physiques, presque toutes cueillies par Newton, et quelques vérités morales, connues depuis toujours. Tout le reste est erreur, folie, sottise, que la raison voltairienne ne se lasse jamais de dévorer chaque jour comme pain bénit, sous peine de perdre toute son incroyable énergie. Sans prêtres, sans fanatiques, sans athées, sans métaphysiciens et théologiens certains de posséder la pierre philosophale, bref, sans escrocs de la raison, que resterait-il du discours voltairien ? Quand la philosophie allume sa lanterne magique, elle voit défiler d'abord, tordue de rire ou atterrée, l'immense carnaval des fous qu'on appelle l'histoire : doctrines, mythes, rites, mœurs et lois de tous les peuples et de toutes les époques, que l'*Ingénu* ramasse dans la fable d'un Huron chez Louis XIV. La philosophie est une idée de l'histoire, qui se sert de la nature contre les abus et perversions, mais préfère la civilisation aux origines, la culture à la nature brute, et qui finit par espérer que l'espèce humaine s'assagira un peu, ouvrira au moins un œil.

La morale, seule vérité utile
Théorie de la connaissance, idée de l'histoire, la philosophie est aussi une morale. Si Dieu nous juge, ce ne peut être qu'au nom de la morale, non des dogmes et des rites. Éternelle et universelle, la morale tient tout entière dans cette proposition :

« ne fais pas à autrui ce que tu ne voudrais pas qu'il te fît ». Gordon, avant de renoncer à la théologie, est dans l'erreur au regard de la raison, mais dans la vérité bien plus essentielle de la morale en secourant son jeune compagnon. Les jésuites ne sont ni dans la raison ni dans la morale, mais dans la pure politique du mensonge et de la violence. Et s'ils le peuvent, c'est que font défaut, en France, des droits et des lois. La philosophie s'occupe donc activement des délits et des peines, de l'arbitraire illégal ou légal, des droits du prince et de ceux des sujets, du droit civil et du droit religieux, etc. Elle touche donc à la politique, en s'interrogeant sur la place de l'Église en France, sur le droit, sur l'économie blessée par le départ des protestants.

Qu'est-ce qu'un honnête homme ?

Mais on est encore dans la philosophie telle que l'entend Voltaire et telle qu'il la met en œuvre dans *l'Ingénu,* quand on affine son cœur et son esprit, quand on exerce son goût, quand on polit ses manières, quand on se rend sociable, raisonnable mais non raisonneur, intrépide mais sensible. Bref, quand, sachant se modérer sans s'étouffer, se raffiner sans se gâter, on devient un « honnête homme ». La plus grande difficulté de *l'Ingénu* est peut-être là. La question n'est pas tant de savoir ce que pense Voltaire de tel ou tel problème, de telle ou telle idée soulevée dans son roman : un peu de lecture, un peu d'agilité intellectuelle y suffisent. Ce qui nous échappe, parce que notre société n'est plus la sienne, parce que le « progrès » a ramené ses lecteurs actuels plus près du Huron aux instincts bruts que du « philosophe intrépide » approuvé « de tous les honnêtes gens », c'est la compréhension réelle, intime, de ce que l'Ingénu est devenu, de ce vers quoi Voltaire le fait aller.

On devine à peu près les principales idées voltairiennes : l'auteur les a suggérées en une petite centaine de volumes. Mais ce qu'est vraiment un philosophe, ce qu'est vraiment un « honnête homme », un homme policé, un homme éduqué par le malheur et digne de la philosophie, digne de plaire à Voltaire, nous ne le saurons plus jamais. Il reste la consolation de comprendre on ne peut plus facilement ce qu'est un Huron mal dégrossi, ce qu'est une « brute » sympathique sans culture ni manières : il suffit de jeter un coup d'œil dans notre miroir.

Mais la définition existe peut-être. Dans le *Catalogue de la plupart des écrivains français* qui suit *le Siècle de Louis XIV,* on lit en effet à la fin de l'article « Saurin » les mots suivants, qui s'appliquent assez bien à la leçon finale de *l'Ingénu :* « Joseph Saurin mourut en 1737, en philosophe intrépide qui connaissait le néant de toutes les choses de ce monde, et plein d'un profond mépris pour tous ces vains préjugés, pour toutes ces disputes, pour ces opinions erronées, qui surchargent d'un nouveau poids les malheurs innombrables de la vie humaine » (*Œuvres historiques,* Bibliothèque de la Pléiade).

Voltaire, *l'Ingénu* et la critique

Fausse logique et vrai comique

L'explication de texte, spécialité française aussi exaspérante que précieuse quand elle est précise, ne tente guère en général la critique voltairienne. Qui s'y frotte s'y pique, tant il est périlleux d'expliquer un trait d'esprit. Voltaire le déconseillait tout à fait : une plaisanterie se goûte mais ne se commente pas. Le problème, avec Voltaire, c'est que sa philosophie — au moins dans les contes — est indissociable d'un style. D'où le prix de cette brillante tentative d'A. Magnan, qui peut passer pour un hommage au plus grand des critiques contemporains, Jean Starobinski.

6. L'Abbé lui remontra [...] qu'il connaissait parfaitement (chap. vi, l. 26-28).

Un duel succède donc à un duo, le débat dialectique au combat amoureux. C'est la seconde séquence du texte, elle aussi développée *en trois temps*. « L'Abbé » a trois fois l'initiative (26, 28, 37), comme « l'Ingénu » l'avait trois fois dans la séquence du viol (2, 6, 16).

   Le premier assaut est de « remontrance » : situation d'autorité déjà rencontrée, typique de l'éducation chrétienne du héros (III, 43 ; IV, 16). Mais le reproche est doublement *comique :* par l'évidence du fait et par le cliché des mots. Du coup, c'est l'Ingénu qui paraît reprendre d'emblée l'avantage : à lui l'éloquence, un peu emphatique même ; les prestiges de la nouvelle philosophie (« la loi naturelle » !) et les pièges de l'ancienne sophistique (« naturelle » une loi qui souffre « des privilèges » ?) ; à lui l'assurance et l'insolence : qu'est-ce qu'un « Abbé » peut « connaître » à l'acte (de « connaître », justement, dans l'acception biblique du terme) qui rend « père », c'est-à-dire « abbé » (voir le premier article du *Dictionnaire philosophique*) ? Bref, insidieusement, paradoxalement, le civilisé est trahi par le langage : son euphémisme très convenable de l'« énormité » redit involontairement « l'étendue » de la « vertu » du coupable, tandis que la défense du sauvage rejoint par la rime, en neutralisant les deux assonances en -é de « l'Abbé », le dernier accord amoureux du faux « appartement ».

7. L'Abbé voulut prouver que la loi positive [...] puisqu'il faut entre vous tant de précautions (l. 28 à 36).

Désormais éludable, ce *leurre de la supériorité du « sage »* peut se poursuivre, pour le plaisir du jeu. La seconde attaque peut déjà se lire comme une retraite, la « volonté » de prouver insinuant peut-être un imaginaire du rationnel, et une inconscience des moyens du réel. Cf. Cunégonde en situation de faiblesse : « Je *voulais* arracher les yeux à ce grand Bulgare » (VIII).

Et de fait, la thèse, transposée en style indirect, est minée par la pétition de principe (« la loi positive *devait* avoir ») et l'exagération captieuse (« *tout* l'avantage »), par l'abstraction artificielle (« les conventions », « les hommes ») et la concession involontaire (« presque jamais »). Cela n'exclut pas que Voltaire puisse avoir été en accord avec l'Abbé — par exemple sur le thème du « brigandage naturel » : voir *Timon* (1756), pochade écrite en réponse à Rousseau ; mais ce sont rencontres de hasard, révocables, ambiguës, ironiques à la façon des accords du Philosophe et de l'Antiphilosophe dans *le Neveu de Rameau*. Le passage au style direct souligne au contraire les disfonctionnements du discours d'autorité : un grand vide de « preuve », et pour le combler une rhétorique voyante qui joue à la fois de la généralité simpliste (« il faut ») et des particularités complexes (« des notaires », etc.). Il est d'ailleurs notable que l'Abbé, loin de prétendre instruire ou édifier le baptisé Hercule, sur le respect des commandements, sur les vertus de la grâce, sur les mérites et sur le salut, invoque en fait l'utilité *sociale* des rites et des formes religieuses, par un déplacement du sacré à l'institutionnel : notaires et prêtres, contrats et dispenses, les termes se répondent, les « témoins » s'échangeant plaisamment aux deux niveaux.

« L'abbé voulut prouver » : en fait, il pose l'ordre comme ordre. Son discours s'embarrasse, s'allonge ou se répète, on ne sait, tandis que la réplique de l'Ingénu est forte et tranchante : au « disait-il », elle oppose le « répondit ». Cependant la réponse du Huron est également sans portée, elle est tout autant *distanciée* par les effets de texte : ce n'est qu'*une* « réflexion », faite d'instinct et qui vaut dans l'instant. Elle met en cause

182

les apparences (les « précautions »), elle dissipe donc les fausses prétentions (« de bien malhonnêtes gens ») ; mais elle ne va pas au fond des choses : le temps des « profondes réflexions » (x, l. 51) n'est pas encore venu pour le héros.

8. L'Abbé eut de la peine à résoudre cette difficulté (l. 37).

Phrase charnière dans la dynamique du texte : le leurre se referme cette fois sur le second « assaillant ». Car la « difficulté » n'étant que relative, la « peine » de l'Abbé signale surtout ses limites : comprenons qu'il est déjà presque *a quia,* comme l'était la veille l'Évêque de Saint-Malo (IV, 23-25 et 32), comme l'étaient naguère les catéchistes de l'Ingénu, et cette fois sans recours possible à quelque jésuite (III, 24 à 27). D'où la lecture distanciée d'une argumentation qu'on sait d'avance *impuissante* à rien « résoudre ».

9. « Il y a, dit-il, je l'avoue [...] un frein que la vertu s'est donné à elle-même » (l. 37 à 44).

Fausse logique et vrai comique, en effet : la tirade de l'Abbé de Saint-Yves n'est pas sans rappeler celles de Maître Pangloss. L'énormité de la concession initiale est soulignée par le balancement même des phrases (« Il y a *beaucoup* [...] il y a *des* [...] »), et l'étroitesse du champ de réflexion par l'excès de la généralisation (« inconstants » et « fripons » ? Lisons : coureurs de jupons et coureurs de dots). Le discours progresse en fonction d'une logique tout imaginaire : supposition aberrante d'une urbanisation huronne, postulat gratuit d'une honnêteté native (« des âmes »), principe arbitraire de l'identité du juste et du légal (« et ce sont » : le présentatif exhibe la faiblesse de l'articulation réelle), flottement entre l'éternité du plan providentiel (« des *âmes* sages ») et l'histoire des sociétés politiques (« ces *hommes*-là qui *ont fait* »).

Au fond, le discours de l'Abbé ne progresse pas plus que la foi n'explique — et pour cause. « Plus on *est* homme de bien, plus on *doit* s'y soumettre » : formule conclusive d'une rhétorique impeccable (presque un alexandrin, à la Corneille), mais qui laisse la question entière — d'où vient que l'on *est* « homme de bien » ? d'où vient que l'on « doit » ? d'où vient que « les vicieux » le restent après l'exemple donné ? ou bien, s'ils « respectent » enfin « le frein de la vertu », en quoi étaient-ils vicieux ? Et la « vertu » enfin, si elle *est* réellement *vertu,* pourquoi a-t-elle besoin elle-même de ce « frein » ?...

Immobilité tautologique, circularité idéologique : aussi manifeste que l'échec sexuel, l'*aporie intellectuelle* — l'Ingénu « pouss[ait] fortement la porte mal fermée », l'Abbé enfonce lourdement des portes mal ouvertes.

A. Magnan, « Le fiasco et l'aporie », *le Siècle de Voltaire* sous la direction de Ch. Mervaud et S. Menant, tome II, The Voltaire Foundation, 1987.

Un hybride narratif

L'Ingénu diffère des autres contes en technique narrative comme en signification. Il est, en fait, un hybride narratif, comme il est hybride idéologiquement : conte voltairien pour le message optimiste, confiant dans la civilisation ; roman sensible pour le message pessimiste, désillusionné. En fait, les deux parties du conte s'opposent au moins autant qu'elles s'intègrent : optimisme et pessimisme sont affrontés et rien, dans le rapide épilogue optimiste, ne vient compenser la tragédie, équilibrer la charge de celle-ci. La conclusion de Voltaire ne vient que confirmer que tout le poids de signification réside dans l'épisode de la Saint-Yves ; cette conclusion est cohérente, celle de Gordon est une moquerie indigne.

Les données biographiques et historiques qu'on a données comme clés : le souvenir de Mme du Châtelet ; l'inquiétude de Voltaire pour Mlle Corneille, sa filleule ; les grandes affaires judiciaires ; l'évolution politique et, en particulier, sinon l'échec du parti philosophique, du moins l'emprise croissante de la noblesse sur la marche de l'État, toutes ces données vont dans le même sens : pour Voltaire, non plus vieillissant mais déjà vieux, une défaillance pessimiste n'a rien d'invraisemblable. Et ces circonstances donnent une dimension différente au « roman sensible ». Celui-ci comporte un aveu moral de Voltaire qui, bien plus que les qualités littéraires ou l'intérêt de l'intrigue, distingue *l'Ingénu* des autres contes, voire des autres œuvres de Voltaire. Voltaire se pare un peu des plumes du paon quand il dit : « Quiconque peint les passions, les a ressenties ». Bien qu'on lui reconnaisse parfois de la sensibilité, il est difficile de nier qu'on n'en trouve qu'une expression fort stéréotypée, même dans l'épisode de la Saint-Yves, et l'on peut estimer que *l'Ingénu* souffre de « l'exagération du mélodrame et de l'expression outrée des manifestations extérieures du sentiment ». *L'Ingénu* n'est donc pas pour Voltaire une veine littéraire nouvelle : celle du roman où s'exerce la pénétration du psychologue ; il reste encore une forme littéraire où s'exprime essentiellement sa « capacité rare d'indignation morale soutenue ». Mais, tandis que celle-ci s'exprime avec bonheur dans le registre comique, elle ne trouve pas une expression naturelle dans le registre pathétique. Cette qualité serait alors une espèce de colère que doit susciter chez un philosophe bien né le spectacle des horreurs de son époque.

Pour fustiger ces horreurs, Voltaire s'était toujours servi de l'arme du rire : elle comporte un élément de combativité qui répond bien à cette colère « philosophique ». Or, sans trop prendre au mot son intention déclarée : son désir de susciter un sentiment de compassion pour les malheurs des hommes chez « ceux qui n'aiment pas lire », le fait d'avoir choisi cette fois une victime pitoyable et qui élève une protestation indignée mais passive contre l'arbitraire du pouvoir et l'inhumanité des hommes de pouvoir, est une renonciation à l'arme du rire et à la volonté de combattre.

La morale de Voltaire : « Malheur n'est bon à rien », témoigne que son « engagement personnel intense » est, en fait, un engagement passif et résigné. La vague idée que les hommes tels que Saint-Pouange ne sont « pas nés méchants » ne peut que renforcer cette impression de résignation. Les forces que Voltaire affronte semblent accumuler la puissance, alors que les siennes diminuent, au propre comme au figuré : lui-même est un homme plus que vieillissant ; et son parti est en marche vers la défaite que sera pour lui la réaction nobiliaire. Ainsi, le sentiment d'impuissance et la résignation expriment la nécessité de renoncer désormais à la belle utopie réaliste de l'Eldorado, à l'espérance d'un futur politique où tous les hommes auraient leur place, dans la joie de la liberté et du progrès.

Z. Levy, « l'Ingénu ou l'Anti-Candide », *Studies on Voltaire*, n° 183, Oxford, 1980.

Le monde à cloche-pied

L'Ingénu est-il un roman pessimiste ? Pas plus que *Zadig* n'est un roman optimiste. Certes, dans l'alternance des deux temps, Zadig paraît à tout coup progresser du malheur apparent au bonheur réel ; mais si le malheur est la condition nécessaire du bonheur, il y a donc un prix assez lourd à payer pour être heureux. À y regarder de plus près, *l'Ingénu* comporte aussi cette leçon. Les parents de l'Ingénu ont été tués par les sauvages, *mais* ces mêmes sauvages ont élevé l'enfant avec affection. Mlle de Saint-Yves a été enfermée, l'Ingénu se promène mélancoliquement, *mais* cette circonstance lui offre l'occasion de témoigner sa bravoure. Il est incarcéré à la Bastille, *mais* il y rencontre un janséniste (le « bon Gordon », prêt à renoncer à son fanatisme) en compagnie duquel il pourra achever de s'instruire et de « développer son génie » (chapitre IX). Mlle de Saint-Yves meurt, *mais,* le jour des funérailles, le hasard fait apparaître Saint-Pouange, en qui l'amour s'est éveillé, et qui s'attendrit : il s'emploiera désormais à réparer le malheur qu'il a causé. L'Ingénu, devenu enfin officier, sera « à la fois un guerrier et un philosophe intrépide ». Si le mal était l'œuvre de la religion, des préjugés, de l'arbitraire, bref des institutions abusives, le bien apparaît en revanche comme l'œuvre toujours possible de l'homme qui a résolu de s'y employer : il peut encore s'accomplir en dépit du malheur. Qu'on puisse lire le roman simultanément dans les deux sens, Voltaire nous le laisse entendre par les deux phrases finales qui obéissent une dernière fois à la loi du fusil à deux coups :

« Il [le bon Gordon] prit pour sa devise *malheur est bon à quelque chose.* Combien d'honnêtes gens dans le monde ont pu dire : *malheur n'est bon à rien !* »

L'asymétrie accompagne, ici encore, la dualité. Le bon Gordon énonce un avis *singulier ;* l'affirmation contraire, en revanche, est attribuée à un nombre indéterminé d'honnêtes gens. Quantitativement, tout au moins, le malheur prévaut. Le bonheur relatif accepté par le sage ne compense pas le malheur absolu des autres. On peut tout perdre. On peut jouer à qui perd gagne.

La loi du fusil à deux coups, on le voit, est l'expression d'une vision du monde. Il n'y a pas de bien sans mal, ni de mal sans bien, et cela dans des proportions inégales. Le monde cloche. Parce que les institutions sont absurdes, le mal paraît l'emporter. Mais cette victoire, qui paraît inévitable, est réversible. La preuve, c'est que dans l'état actuel des choses, il existe déjà des compensations pour les philosophes. Qu'y a-t-il à changer ? Les malheurs de l'Ingénu et de la belle Saint-Yves n'étaient dus qu'à des causes fragiles et absurdes : un article du droit canonique, la lettre d'un espion, le caprice sensuel d'un sous-ministre. Écrasez l'infâme, diminuez l'arbitraire des gouvernants : la balance penchera peut-être du côté du bonheur. Non certes sans que persistent, sur l'autre plateau, bien des iniquités. Le bonheur même des hommes exige qu'il y ait des institutions, et il n'en est point qui ne se prêtent à des abus. Une chose est sûre : Candide, l'Ingénu n'auront pas trouvé le bonheur dans l'amour.

La logique n'y trouve pas son compte. Il est vrai que les hommes ne sont pas souvent heureux. Il est non moins vrai que les hommes peuvent être heureux. La pensée de Voltaire doit sa mobilité à la force répulsive et propulsive de l'adversatif *mais*... Saint-Pouange se conduit comme un monstre ; mais « il n'était pas né méchant ». Gordon est fanatique, mais il est capable de se rendre à des idées plus raisonnables que la théorie de la grâce efficace. Il y a des prêtres malfaisants, il y en a de bons. Mlle de Saint-Yves meurt de douleur parce qu'elle se croit coupable ; mais le Huron n'eût pas considéré son action comme une faute. Cette touchante victime est peut-être une sotte... Les contraires sont si bien des contraires qu'en se contredisant ils contredisent la règle du *tiers exclu*. Ainsi, par l'exaspération de la dualité contrastée, c'est précisément le *tiers* qui l'emporte. Les propositions contradictoires sont vraies à tour de rôle, ou simultanément. Dans le rythme binaire de ce monde qui cloche et où la parfaite cohérence est à jamais impossible, ce n'est ni le premier ni le second temps qui représente la vérité définitive : l'ironie philosophique constate que l'un ne va jamais sans l'autre, et que si le monde ne clochait pas son mouvement s'arrêterait. Ne méprisez pas les petits bonheurs qui s'offrent à la place du grand bonheur. De ce mouvement incessant, le conte voltairien nous propose l'image accélérée et caricaturale, oscillant de la nature à la culture, du vice à la vertu, du rire aux larmes, du pessimisme à l'optimisme — pour nous laisser dans le double sentiment de la confusion générale et de la netteté du détail disparate. Et, dernière dualité, tandis que l'ironie de Voltaire nous donne l'impression de dominer le monde et d'en disposer à sa guise, — sa passion, sa frénésie inquiète se laissent emporter et nous emportent avec elles. Ainsi va le monde, dit la conscience ironique, — libre, joueuse et dégagée. Ainsi allons-nous, car nous sommes au monde, et la conscience ironique elle-même n'échappe pas au cours du monde.

Jean Starobinski, « Le fusil à deux coups de Voltaire », *le Remède dans le mal*, Gallimard, 1989.

Avant ou après la lecture

Thèmes de recherche

Dans l'Ingénu

1. Homme civilisé et homme naturel.

2. Axes et portée de la satire politique et sociale.

3. La religion.

4. L'image de la province.

5. Paris et la cour.

6. Vertu et bonheur.

7. Le problème de la liberté.

8. *L'Ingénu,* conte philosophique.

9. Tours et détours de l'ironie.

Études comparatives

1. Le personnage de Candide et celui de l'Ingénu.

2. Un regard étranger sur la France dans les *Lettres persanes* et *l'Ingénu.*

3. La mort tragique des héroïnes dans *Manon Lescaut, la Nouvelle Héloïse* et *l'Ingénu.*

Dissertations

1. Dans *De la littérature* (ch. XVI), Mme de Staël affirme : « La philosophie française tient davantage au sentiment et à l'imagination sans avoir pour cela moins de profondeur ; car ces deux facultés de l'homme, lorsqu'elles sont dirigées par la raison,

éclairent sa marche, et l'aident à pénétrer plus avant dans la connaissance du cœur humain. » Dans quelle mesure ce jugement peut-il s'appliquer à *l'Ingénu* ?

2. Expliquer et commenter cette affirmation de Herzen (1812-1870) : « Le rire porte en lui quelque chose de révolutionnaire. Seuls les égaux rient entre eux. Le rire de Voltaire a détruit davantage que les pleurs de Rousseau. »

3. Dans une introduction critique à *l'Ingénu* (Droz, 1957), William R. Jones écrit : « Tout Voltaire y est : son talent, sa diversité, sa philosophie. » Qu'en pensez-vous ?

4. Êtes-vous d'accord avec ces propos de R. Nave : « Il n'est pas de question qui ait passionné autant Voltaire que celle de l'homme et son destin, mais il parle du destin en moraliste » ?...

Groupements de textes

1. Le mythe du « bon sauvage » : extraits de Bernardin de Saint-Pierre, *Paul et Virginie* ; Diderot, *Supplément au voyage de Bougainville* ; Defoe, *Robinson Crusoé* ; Rousseau, *Discours sur l'origine de l'inégalité* ; Voltaire, *Dictionnaire philosophique,* article « Homme », *l'Ingénu.*

2. La femme vertueuse en butte à la passion et au mal : extraits de Marivaux, *la Vie de Marianne* ; Rousseau, *la Nouvelle Héloïse* ; Laclos, *les Liaisons dangereuses* ; Sade, *les Infortunes de la vertu* ; Voltaire, *l'Ingénu.*

3. La condamnation de la guerre : extraits de Rabelais, *Gargantua* ; La Bruyère, *les Caractères,* x, 9, 1688 ; Voltaire, *Candide, l'Ingénu* ; Zola, *la Débâcle* ; Giraudoux, *La guerre de Troie n'aura pas lieu.*

Bibliographie

Édition

Voltaire, *Romans et contes,* édition établie par Frédéric Deloffre et Jacques Van den Heuvel, coll. « Bibliothèque de la Pléiade », Gallimard, 1983.

Voltaire et son œuvre

J. Goldzink, *Voltaire, entre A et V,* Hachette, 1994.
J.-M. Goulemot, A. Magnan, D. Masseau (sous la direction de), *Voltaire. Inventaire,* Gallimard, 1994.
André Magnan, article « Voltaire », *Dictionnaire des littératures de langue française,* Bordas, 1984 (réédité et mis à jour régulièrement).
Christiane Mervaud, *Voltaire en toutes lettres,* Bordas, 1991.
René Pomeau, *Voltaire par lui-même,* coll. « Points », Le Seuil, 1955.
René Pomeau, *la Religion de Voltaire,* Nizet, 1956 (rééd. 1974).
René Pomeau (sous la direction de), *Voltaire en son temps,* 5 vol. (1985, 1988, 1991, 1994), The Voltaire Foundation, Oxford.

Les contes et le conte philosophique

Yvon Belaval, « Le conte philosophique », *the Age of the Enlightment Studies presented to Theodore Besterman,* Édimbourg / Londres, 1967.
Jacques Van den Heuvel, *Voltaire dans ses contes,* Colin, 1967.

L'Ingénu

Z. Levy, « l'Ingénu ou l'Anti-Candide », *Studies on Voltaire,* n° 183, Oxford, 1980.

A. Magnan, « Voltaire, *l'Ingénu : le fiasco et l'aporie* », *le Siècle de Voltaire, Hommage à René Pomeau* (sous la direction de Ch. Mervaud et S. Menant), t. II, The Voltaire Foundation, Oxford, 1987.

Ch. Mervaud, « Sur l'activité ludique de Voltaire conteur : le problème de *l'Ingénu* », *l'Information littéraire,* n° 1, 1983.

M.-E. Plagnol-Diéval, *l'Ingénu,* coll. « Profil d'une œuvre », Hatier, 1989.

C. Trachez-Griffoul, *l'Ingénu,* coll. « L'œuvre au clair », Bordas, 1992.

J. Starobinski, « Le fusil à deux coups de Voltaire, *l'Ingénu* sur la plage », *le Remède dans le mal,* Gallimard, 1989.

Petit dictionnaire pour commenter *l'Ingénu*

allusion *(n. f., du bas latin* allusio, *jeu)* : manière de s'exprimer sur une idée, une personne ou une chose, sans la nommer explicitement mais par simple évocation ; suppose, de la part du lecteur, la connaissance de la situation ou de la référence culturelle évoquée par l'écrivain.

archétype *(n. m.)* : type primitif ou idéal, original qui sert de modèle. Ex. : Harpagon est l'archétype de l'avare.

burlesque *(adj. et n. m., de l'italien* burla, *farce)* : procédé littéraire usant d'un contraste ou d'un décalage entre le sujet traité, sérieux, et la manière de le traiter, qui déclenche le rire.

caustique *(adj.)* : au sens figuré, qui attaque, qui blesse par la moquerie (nom dérivé : **causticité**).

conte *(n. m.)* : récit, généralement assez court, de faits imaginaires ou prétendus tels. Les contes traditionnels (écrits à partir d'une tradition orale) comportent presque toujours une intention morale ou didactique.

dialogue *(n. m.)* : échanges de propos entre deux ou plusieurs personnages. Il est repérable à ses marques typographiques (guillemets, tirets, etc.) et sémantiques (verbes d'introduction : dire, répondre, répliquer, etc.) ; adjectif dérivé : **dialogique**.

diatribe *(n. f.)* : critique violente.

discours rapporté : technique utilisée par l'auteur ou le narrateur pour rapporter ce que dit un personnage. Il peut le faire de trois manières :

• **le discours (ou style) direct** : transcription des paroles des personnages telles qu'elles ont été prononcées (usage des guillemets et alinéas, des première et deuxième personnes pour désigner les interlocuteurs). On l'utilise pour le dialogue.

• **le discours (ou style) indirect** : les paroles des personnages sont introduites par un verbe de déclaration (dire, répondre, déclarer, expliquer, etc.) et la conjonction « que ». Cela entraîne une série de modifications : usage exclusif de la troisième personne, des temps du passé, le futur devient un conditionnel, les adverbes de lieu et de temps sont modifiés, les interrogatives deviennent des interrogatives indirectes, etc.

• **le discours (ou style) indirect libre** : les paroles reproduites conservent certaines marques du discours indirect (troisième personne, temps du passé), mais il n'est pas fait usage de verbe introducteur. La forme interrogative ou exclamative des phrases est maintenue.

dramatique *(adj.)* : qualifie tout élément qui fait progresser l'action d'un récit (nom dérivé : **dramatisation**).

économie narrative (ou **du récit**) : organisation des différentes parties du récit, structure.

épique *(adj.)* : qui relève de l'épopée, genre littéraire qui raconte les exploits de personnages aux qualités surhumaines et qui peut faire intervenir des divinités. *L'Iliade,* d'Homère, est une épopée, et Achille est un héros épique.

épisode *(n. m.)* : partie d'une œuvre narrative (ou dramatique) qui, tout en s'intégrant dans un ensemble, a ses caractéristiques propres.

fable *(n. f.)* : court récit en vers ou en prose qui illustre souvent une leçon de morale.

grotesque *(adj.)* : risible par son apparence bizarre, caricaturale ; *(n. m.)* : comique de caricature poussé jusqu'à l'invraisemblable.

héroïque *(adj.)* : digne d'un héros ; dans la mythologie, demi-dieu, puis, par extension, tout homme dont les actions suscitent l'admiration.

hyperbole *(n. f.)* : mise en relief d'une idée par l'emploi de mots qui faussent la pensée en l'exagérant.

incipit *(n. m.)* : première phrase d'un texte (roman, chapitre, etc.) ou début d'une phrase. S'oppose à la « clausule », qui en est la fin.

ironie *(n. f.)* : manière de se moquer en disant le contraire de ce que l'on veut faire comprendre ; l'hyperbole (voir ce mot) est souvent utilisée dans une intention ironique.

mélodrame *(n. m.)* : drame populaire, caractérisé par l'accumulation d'épisodes pathétiques, outrés, ainsi que par la multiplication d'incidents imprévus et souvent invraisemblables.

nouvelle *(n. f.)* : récit court, en prose, mais construit comme un roman.

parabole *(n. f.)* : comparaison, développée dans un récit conventionnel, dont les éléments sont empruntés à la vie quotidienne et permettant de concrétiser un aspect moral, religieux, spirituel, etc.

parataxe *(n. f.)* : manière de construire des phrases, consistant à les juxtaposer sans indiquer le rapport qui les unit.

parodie *(n. f.)* : imitation satirique d'une œuvre sérieuse, dont le sujet et l'expression sont transposés sur le mode comique (adjectif dérivé : **parodique** ; verbe dérivé : **parodier**).

pastiche *(n. m.)* : œuvre dans laquelle on imite exactement le style et la structure d'une œuvre existante, soit dans une intention satirique, soit pour tromper (verbe dérivé : **pasticher**).

pathétique *(adj. et n. m.)* : ce qui, dans une œuvre, émeut fortement. Le pathétique se distingue du tragique en ce qu'il met l'accent sur des manifestations extérieures qui touchent immédiatement lecteurs ou spectateurs, le tragique restant d'ordre plus intérieur et psychologique.

portrait *(n. m.)* : description physique ou morale d'une personne fictive ou non. Le portrait est aussi un genre littéraire très en vogue au XVIIe siècle.

récit *(n. m.)* : texte ou passage relatant un événement ou une suite d'événements dans l'unité même d'une action. Le récit peut être aussi un genre littéraire court, proche du conte ou de la nouvelle.

récit d'éducation (ou **d'initiation**) : histoire au cours de laquelle le héros est confronté à une série d'épreuves physiques ou morales qui le conduisent à la connaissance de soi-même et du monde.

récurrent *(adj.)* : qui revient, réapparaît, se reproduit plusieurs fois au cours d'une œuvre.

registre *(n. m.)* : ton, impression d'ensemble d'un passage ou d'une œuvre entière.

rhétorique *(n. f.)* : art de bien parler et de bien écrire pour parvenir à plaire et à persuader ; ensemble de tous les procédés et de toutes les règles qui permettent de s'exprimer.

roman *(n. m.)* : œuvre d'imagination en prose dont l'intérêt est dans la narration d'aventures, l'étude de mœurs ou de caractères, l'analyse de sentiments ou de passions.

satire *(n. f.)* : texte critique et moqueur qui attaque les vices, les ridicules, etc., de manière plus ou moins acerbe ; adjectif dérivé : **satirique**.

sentence *(n. f.)* : en rhétorique, formule bien frappée qui veut exprimer une vérité définitive, le plus souvent dans le domaine moral.

symbole *(n. m.)* : évocation d'une idée par un signe ou un objet que l'usage a consacré pour la désigner ; adjectif dérivé : **symbolique**.

Nouvelle collection *Classiques Larousse*

**Titres disponibles
et leur documentation thématique
(extrait du catalogue)**

Balzac : *les Chouans* ; chouannerie et littérature

Eugénie Grandet ; le personnage de l'avare

Baudelaire : *les Fleurs du mal* ; le thème du cygne dans la poésie lyrique au XIXe siècle

Beaumarchais : *le Barbier de Séville* ; le personnage du barbon

le Mariage de Figaro ; le comique au XVIIIe siècle : entre le désir et la peur du rire

Chateaubriand : *les Mémoires d'outre-tombe* (livres I à III) ; souvenirs de jeunesse

René ; le « vague des passions » : crise d'adolescence ou mal métaphysique ?

Corneille : *le Cid* ; les amours contrariées

Cinna ; la vengeance féminine dans le théâtre baroque et classique

Horace ; aimer malgré les frontières

L'Illusion comique ; quatre variations autour du soldat fanfaron

Polyeucte ; mourir pour des idées

Diderot : *le Neveu de Rameau ;* éducation et morale

Flaubert : *Hérodias ;* le charme maléfique de la danse

Un cœur simple ; des cœurs simples au service des autres

Théophile Gautier : *la Morte amoureuse, contes et récits fantastiques ;* présence du surnaturel : les phénomènes étranges dans la littérature

Hugo : *Hernani ;* figures de rois

Labiche : *la Cagnotte ;* la comédie bourgeoise au XIXᵉ siècle

Le Voyage de Monsieur Perrichon ; le bourgeois, ce mal aimé

La Bruyère : *les Caractères ;* portraits satiriques

La Fontaine : *Fables* (livres I à VI) ; au temps où les bêtes parlaient

Marivaux : *la Double Inconstance ;* la séduction : piège ou révélation ?

Les Fausses Confidences ; les veuves dans la littérature classique

L'Île des esclaves ; la représentation des domestiques dans le théâtre du XVIIIᵉ siècle

Le Jeu de l'amour et du hasard ; les déguisements au théâtre

Maupassant : *Boule de suif et autres nouvelles de guerre ;* les écrivains témoins de la guerre de 1870

Le Horla ; Maupassant et le fantastique

La Peur et autres contes fantastiques ; quelques textes aux frontières du fantastique

Un réveillon, contes et nouvelles de Normandie ; la terre : rêves et réalités

Mérimée : *Carmen ;* de l'héroïne au mythe populaire

Colomba ; l'exotisme à la portée de tous

La Vénus d'Ille ; au cœur du fantastique : une interrogation

Molière : *Amphitryon* ; le personnage, double du comédien ?

L'Avare ; manger pour vivre et vivre pour manger

Le Bourgeois gentilhomme ; la folie des grandeurs

Dom Juan ; destins de dom Juan

L'École des femmes ; couvent et mariage : deux modes de domination

Les Femmes savantes : les héritières de Philaminte

Les Fourberies de Scapin ; la farce à travers les âges

George Dandin ; affronter les inégalités sociales

Le Malade imaginaire ; malades des médecins ?

Le Médecin malgré lui ; d'autres portraits de médecins

Le Misanthrope ; l'histoire littéraire du misanthrope

Les Précieuses ridicules ; de Rabelais à nos jours : figures du snobisme

Le Tartuffe ; l'hypocrisie, un hommage du vice à la vertu ?

Montaigne : *Essais* ; les approches de la mort

Montesquieu : *Lettres persanes* ; comment peut-on être français : regard étranger et forme épistolaire

Musset : *les Caprices de Marianne* ; Marianne ou la libération de la parole

Lorenzaccio ; l'homme et son meurtre

On ne badine pas avec l'amour ; jeunes filles au couvent

Nerval : *Sylvie* ; le temps retrouvé

Perrault : *Contes ou histoires du temps passé* ; les métamorphoses du conte

Poe : *Double Assassinat dans la rue Morgue, la Lettre volée ;* quelques enquêteurs successeurs de Dupin

Racine : *Andromaque ;* permanence et évolution d'un mythe

Bajazet ; visages de l'Orient : la femme captive

Bérénice ; renoncer à l'amour

Britannicus ; la tyrannie : nécessité, paradoxe ou perversion ?

Iphigénie ; père et fille

Phèdre ; le premier regard : récits au passé

Rostand : *Cyrano de Bergerac ;* le travail de l'écrivain : un bricolage de génie

Rousseau : *Les Rêveries du promeneur solitaire ;* le projet autobiographique

George Sand : *La Mare au diable ;* le sentiment de la nature

Le Surréalisme et ses alentours ; théorie de la pratique surréaliste

Voltaire : *Candide ;* témoignages sur la question du mal au XVIIIe siècle

Zadig ou la Destinée ; la recherche du bonheur

Collection fondée par Félix Guirand en 1933, poursuivie par Léon Lejealle de 1945 à 1968, puis par Jacques Demougin jusqu'en 1987.

Nouvelle édition

Conception éditoriale : Noëlle Degoud.
Conception graphique : François Weil.
Coordination éditoriale : Emmanuelle Fillion.
Collaboration rédactionnelle : Cécile Botlan.
Coordination de fabrication : Marlène Delbeken.
Documentation iconographique : Nanon Gardin.
Schéma et dessins p. 12 : Thierry Chauchat.

Sources des illustrations

Jean-Loup Charmet : p. 17, 26, 29.
Larousse : p. 7, 10, 24, 83, 119, 127, 142.
Lauros : p. 20.
Lauros-Giraudon : p. 5.
Roger-Viollet : p. 18, 51, 117 (coll. Viollet).

COMPOSITION : OPTIGRAPHIC.
IMPRIMERIE HÉRISSEY. — N° 71447.
Dépôt légal : Septembre 1994. — N° de série Éditeur : 18837.
IMPRIMÉ EN FRANCE *(Printed in France)*. 871554 N-Novembre 1995.